현지에서 바로 써먹는 여행 회화 패턴

가장 쉬운 여행 일본어

이형주 지음

ここまでお願^{ねが}いします。

여기까지 가 주세요.

동양북스

지은이 **이형주**

현) 한국외국어대학교 국제사회교육원 책임교수

초판 1쇄 발행 | 2022년 9월 15일
초판 3쇄 발행 | 2023년 11월 5일

지은이 | 이형주
발행인 | 김태웅
책임편집 | 길혜진
디자인 | 남은혜, 김지혜
일러스트 | 하리(HARI)
마케팅 | 김은진
제작 | 현대순

발행처 | (주)동양북스
등   록 | 제 2014-000055호
주   소 | 서울시 마포구 동교로22길 14 (04030)
구입 문의 | 전화 (02)337-1737   팩스 (02)334-6624
내용 문의 | 전화 (02)337-1762   dybooks2@gmail.com

ISBN   979-11-5768-824-1   13730

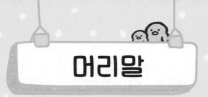

머리말

일본에 한 번도 안 가본 사람은 있어도 한 번만 간 사람은 없다고 합니다. 일본 여행의 매력을 알게 되면 푹 빠지게 된다는 것이지요. 여행에서 돌아올 때면 다른 지역에는 또 어떤 매력이 숨어 있을까 하는 궁금함에 다음 여행을 계획하게 됩니다.

이렇게 누구나 마음만 먹으면 쉽게 떠날 수 있는 일본이지만, 막상 현지에서 말이 통하지 않으면 답답하고 불안해서 여행을 제대로 즐기기 어렵지요. 번역 애플리케이션이 아무리 좋더라도, 직접 대화하는 것보다 빠르고 즐겁지는 않겠지요. 여행지에서 써야 하는 생생한 일본어 표현을 미리 알아둔다면 먹고 싶고, 보고 싶은 것을 마음껏 즐길 수 있겠지요.

이 책은 일본 여행을 떠났을 때 벌어질 수 있는 상황을 현장감 있게 담았습니다. 아주 간단한 문장 패턴으로 다양하게 표현할 수 있도록 꼭 필요한 문장과 단어를 꾹꾹 눌러 담았어요. 또 왕초보 학습자에게 꼭 필요한 필수 문법을 상세히 담아 일본어 궁금증을 해결할 수 있도록 하였습니다.

공부한다는 부담 말고, 내 여행의 주인이 되어 일본과 일본어를 알아가는 재미를 느낀다면 나도 모르는 새 거리낌 없이 소통할 수 있는 자신감을 가질 수 있어요. 지금 바로 시작해 보세요. 두 달 뒤 여러분의 일본 여행이 한층 더 풍요로워질 거예요.

8주 완성! 학습 스케줄

차례

이렇게 활용하세요!

『가장 쉬운 여행 일본어』는 일본어 공부를 막 시작한 분들을 위한 교재입니다.

일본 여행을 앞두고 있다면, 이 책으로 8주만 공부하세요!

한두 마디 일본어로도 주눅들지 않고 여행을 즐기는 자신을 발견할 거예요.

자, 일본어 발음부터 자주 쓰는 패턴까지 차근차근 공부해 보세요.

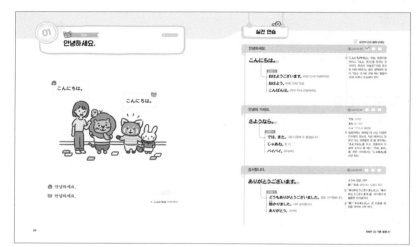

필수 회화

그림을 보며
간단한 회화문을 익혀 보세요.

실전 연습

주요 회화문에 다른 단어를 넣어서
다양한 표현도 익혀 보세요.
또 현지인의 새로운 표현법까지
배울 수 있어요.

확인 문제

회화문과 주요 문장을
단어에서 문장까지
꼼꼼하게 복습해 보세요.

여행 TIP

생생한 현지 여행정보와
문화적, 언어적 차이점을
미리 확인해 보세요.

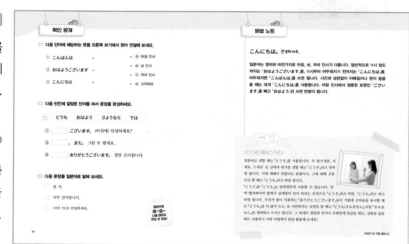

일본어, 너를 좀 더 알고 싶어!

앞서 나온 일본어 표현에 덧붙여 알아야
할 표현을 모아 놓았어요.

하루 한 장 쓰기 노트

그날 공부한 내용을 한 번 더 정리하고
문장을 외워 보세요.
여기에 더 알면 좋을 회화 표현도 익혀
보세요.
일본어 회화 실력이 매일 쑥쑥 자라나는
것을 느낄 수 있을 거예요.

원어민 녹음 MP3

스마트폰으로 QR코드를 스캔하면
본문 음성을 바로 들을 수 있어요.

고도를 즐기며 교토에서 찰칵!

해 질 녘 도쿄 풍경은 정말 멋있어!

겨울을 제대로 즐기려면
홋카이도에서!

에메랄드빛 바다,
역시 동양의 하와이 오키나와!

봄에는 오사카 벚꽃 구경이 최고야.

일본어는 히라가나(ひらがな), 가타카나(カタカナ), 한자(漢字)로 구성되어 있어요.

⭐ 히라가나(ひらがな)

히라가나는 한자를 약자화한 글자로 모양이 부드러운 곡선으로 이루어져 있어요. 일상 언어를 표현하는 데 주로 사용해요.

加 ➡ か   世 ➡ せ   不 ➡ ふ

⭐ 가타카나(カタカナ)

가타카나는 한자의 획 일부를 간단하게 만든 글자로 모양이 직선적이고 각이 진 경우가 많아요.
가타카나는 외래어, 의성어·의태어 등 강조하고 싶은 말을 표기할 때 사용해요.

加 ➡ カ   世 ➡ セ   不 ➡ フ

⭐ 한자(漢字)

한자를 읽는 방법은 2가지로 음독과 훈독이 있으며 주로 약자로 표기해요.
일본어는 띄어쓰기가 없어서, 한자를 사용해야 헷갈리지 않는 경우가 많아요.

天
하늘 천
훈독 そら
음독 てん

★ 히라가나（ひらがな）

▶ mp3 01-1

	아단	이단	우단	에단	오단
あ행	あ a	い i	う u	え e	お o

*あ행은 우리말의 '아, 이, 우, 에, 오'와 비슷한데, う는 '우'와 '으'의 중간 음이에요.

か행	か ka	き ki	く ku	け ke	こ ko

*か행은 'ㄱ'과 'ㅋ'의 중간 음이에요. 말 중간이나 끝에서는 'ㄲ'에 가깝게 발음해요. 즉 '까, 끼, 꾸, 께, 꼬'로 발음하면 돼요.

さ행	さ sa	し si	す su	せ se	そ so

*さ행은 우리말의 '사, 시, 스, 세, 소'와 비슷한데, す는 '스'와 '수'의 중간 발음이에요.

た행	た ta	ち chi	つ tsu	て te	と to

*た행은 'ㄷ'과 'ㅌ'의 중간 발음으로, 말 중간이나 끝에서는 '따, 찌, 쯔, 떼, 또'에 가깝게 발음해요.

な행	な na	に ni	ぬ nu	ね ne	の no

*な행은 우리말의 '나, 니, 누, 네, 노'와 발음이 같아요.

	あ단	い단	う단	え단	お단
は행	は ha	ひ hi	ふ hu	へ he	ほ ho

*は행은 우리말의 'ㅎ'과 같은 발음이에요. 다만 ふ는 '흐'와 '후'의 중간 발음이에요.

ま행	ま ma	み mi	む mu	め me	も mo

*ま행은 우리말의 '마, 미, 무, 메, 모'와 같아요.

や행	や ya		ゆ yu		よ yo

*や행은 우리말의 '야, 유, 요'와 같아요.

ら행	ら ra	り ri	る ru	れ re	ろ ro

*ら행은 우리말의 'ㄹ'과 비슷하며, る는 '르'와 '루'의 중간 발음을 하면 돼요.

わ행	わ wa				を wo

*わ는 '와'로 발음하며, を(을/를)는 '오'로 발음해요.

ん
n

*ん은 'ㄴ, ㅁ, ㅇ'으로 받침 역할을 하고, 뒤에 오는 글자에 따라서 발음이 달라져요.

★ 탁음

▶ mp3 01-2

탁음(濁音)

か·さ·た·は행 오른쪽 위에 탁점(ﾞ)을 붙여서 내는 발음이에요.

が	ぎ	ぐ	げ	ご
ga	gi	gu	ge	go
ざ	じ	ず	ぜ	ぞ
za	ji	zu	ze	zo
だ	ぢ	づ	で	ど
da	ji	zu	de	do
ば	び	ぶ	べ	ぼ
ba	bi	bu	be	bo

반탁음(半濁音)

▶ mp3 01-3

は행의 오른쪽 위에 반탁점(ﾟ)을 붙이며, '파, 피, 푸, 페, 포'로 발음하나, 단어 두 번째 발음부터는 '빠, 삐, 뿌, 뻬, 뽀'로 발음합니다.

ぱ	ぴ	ぷ	ぺ	ぽ
pa	pi	pu	pe	po

⭐ 요음

い단 자음 뒤에「や・ゆ・よ」를 작게 써서 표기해요.

きゃ	kya	きゅ	kyu	きょ	kyo
ぎゃ	gya	ぎゅ	gyu	ぎょ	gyo
しゃ	sya	しゅ	syu	しょ	syo
じゃ	jya	じゅ	jyu	じょ	jyo
ちゃ	cha	ちゅ	chu	ちょ	cho
ぢゃ	ja	ぢゅ	ju	ぢょ	jo
にゃ	nya	にゅ	nyu	にょ	nyo
ひゃ	hya	ひゅ	hyu	ひょ	hyo
びゃ	bya	びゅ	byu	びょ	byo
ぴゃ	pya	ぴゅ	pyu	ぴょ	pyo
みゃ	mya	みゅ	myu	みょ	myo
りゃ	rya	りゅ	ryu	りょ	nyo

⭐ 촉음

단어 사이에「つ」를 작게 써서 받침처럼 사용해요. 바로 뒷 단어의 발음과 비슷하게 발음하면 돼요. 즉「ざっし(잡지)」는 '잣시'로, 「いっぱい(가득)」는 '입빠이'로, 「きっぷ(티켓)」은 '낍뿌'로 발음하세요.

⭐ 장음

앞 모음을 한 박자 길게 발음하고, 가타카나의 경우에는 'ー'로 장음을 표기해요.

あ단 + あ	【a−】	おかあさん(어머니) / バター(버터)
い단 + い	【i−】	いいえ(아니요) / ビール(맥주)
う단 + う	【u−】	くうこう(공항)
え단 + え	【e−】	ええ(네) / ケーキ(케익)
え단 + い	【e−】	えいが(영화)
お단 + お	【o−】	おおさか(오사카) / コーラ(콜라)
お단 + う	【o−】	とうふ(두부)

☆ 가타카나(カタカナ) ▶ mp3 01-6

	あ단	い단	う단	え단	お단
ア행	ア	イ	ウ	エ	オ
カ행	カ	キ	ク	ケ	コ
サ행	サ	シ	ス	セ	ソ
タ행	タ	チ	ツ	テ	ト
ナ행	ナ	ニ	ヌ	ネ	ノ
ハ행	ハ	ヒ	フ	ヘ	ホ
マ행	マ	ミ	ム	メ	モ
ヤ행	ヤ		ユ		ヨ
ラ행	ラ	リ	ル	レ	ロ
ワ행	ワ		ヲ		ン

MAY

SUN	MON	TUE	WED	THU	FRI	SAT
		1	2	3	4	5
6	7	8	9	10	11	12
13	14	15	16	17	18	19
20	21	22	23	24	25	26
27	28	29	30	31		

5월 9일, 드디어 떠난다!
너무 설레~ >_<

여행 전에 환전도 미리 해놔야지 :)

こんにちは!
안녕하세요!

인사 표현 정도는
미리 공부해 가는 게 좋겠지?

여행 기간에 제발
비는 안 왔으면 좋겠다. ㅠㅠ

뭐 먹을지, 어디 갈지 계획도 세워야지!

PART **02**

기본 표현

 인사

▶ mp3 02-01

안녕하세요.

こんにちは。

こんにちは。

안녕하세요.

안녕하세요.

* こんにちは 안녕하세요?

실전 연습

세 번씩 따라 말해 보세요.

안녕하세요. ▶ mp3 02-02 ✓ 2 3

こんにちは。

교체하기

おはようございます。 (아침 인사) 안녕하세요.

おはよう。 (아침 인사) 안녕.

こんばんは。 (저녁 인사) 안녕하세요.

✚ 「こんにち(今日)」는 '오늘, 요즘'이란 뜻이고, 「は」는 '은/는'을 뜻하는 조사이다. 따라서 '오늘은?'이란 뜻으로 뒤에 어떠냐는 말이 생략되어 있다. 「は」는 조사로 쓰일 때는 발음이 '와'로 바뀌니 조심해야 한다.

안녕히 가세요. ▶ mp3 02-03 1 2 3

さようなら。

교체하기

では、また。 그럼 다음에 또 뵙겠습니다.

じゃあね。 잘 가.

バイバイ。 바이바이.

では 그러면
また 또, 다시
じゃ 「では」의 줄임말

✚ 일본어에는 헤어질 때 쓰는 다양한 인사말이 있는데, 지금 헤어지고 당분간 또는 오랫동안 못 볼 경우에는 「さようなら」를 쓰고, 정중하게 다음에 보자고 할 때는 「では、また」를, 편한 사이에서는 「じゃあね」를 쓰면 된다.

감사합니다. ▶ mp3 02-04 1 2 3

ありがとうございます。

교체하기

どうもありがとうございました。 정말 고마웠습니다.

助かりました。 너무 감사합니다.

ありがとう。 고마워.

どうも 정말, 매우
助かる 살아나다, 도움이 되다

✚ 「ありがとうございました」는 「ありがとうございます」를 과거형으로 활용한 인사말이다.

✚ 「助かりました」는 큰 도움을 받았을 경우에 쓰면 된다.

PART 02 기본 표현 21

확인 문제

01 다음 단어에 해당하는 뜻을 오른쪽 보기에서 찾아 연결해 보세요.

① こんばんは　　　　•

② おはようございます　•

③ こんにちは　　　　•

•　ⓐ 아침 인사

•　ⓑ 낮 인사

•　ⓒ 저녁 인사

•　ⓓ 고마워요

02 다음 빈칸에 알맞은 단어를 써서 문장을 완성하세요.

> 보기　　どうも　　おはよう　　さようなら　　では

① ☐ ございます。 (아침에) 안녕하세요?

② ☐ 、 また。 그럼 또 뵐게요.

③ ☐ ありがとうございます。 정말 감사합니다.

03 다음 문장을 일본어로 말해 보세요.

☐ 잘 가.

☐ 너무 감사합니다.

☐ (저녁 인사) 안녕하세요.

일본어로
술~술~
나올 때까지
연습 또 연습!

22

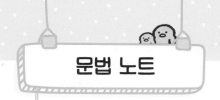
こんにちは。 안녕하세요.

일본어는 영어와 마찬가지로 아침, 낮, 저녁 인사가 다릅니다. 일반적으로 11시 정도까지는 「おはようございます」를, 11시부터 어두워지기 전까지는 「こんにちは」를, 어두워지면 「こんばんは」를 쓰면 됩니다. 시간과 상관없이 이메일이나 편지 등을 쓸 때는 대개 「こんにちは」를 사용합니다. 아침 인사에서 정중한 표현인 「ございます」를 빼고 「おはよう」만 쓰면 반말이 됩니다.

「どうぞ」와「どうも」

일본어로 권할 때는 「どうぞ」를 사용합니다. 즉 '앉으세요, 보세요, 드세요' 등 남에게 뭔가를 권할 때는 「どうぞ」라고 말하면 됩니다. 이에 대해서 알았다는 표현이나, 그에 대해 고맙다고 할 때는 「どうも」라고 하면 됩니다.

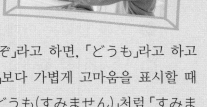

「どうぞ」와 「どうも」는 광범위하게 사용할 수 있습니다. 만약 엘리베이터 앞에서 상대방이 먼저 타라는 손짓으로 「どうぞ」라고 하면, 「どうも」라고 하고 타면 됩니다. 우리가 많이 사용하는 「ありがとうございます」보다 가볍게 고마움을 표시할 때는 「どうも」를 더 많이 쓰고, 또 미안하다는 표현을 할 때도 「どうも(すみません)」처럼 「すみません」을 생략하고 쓰기도 합니다. 그 외에도 평범한 인사나 오랜만에 만났을 때도, 전화를 끊을 때도 사용하니 이번 여행에서 한번 활용해 보세요!

 날씨

날씨가 참 좋네요.

 今日の天気はどうですか。

いい天気ですね。

 오늘 날씨는 어때요?

날씨가 참 좋네요.

* 今日きょう 오늘
* ～の ～의
* どうですか 어떻습니까?
* いい 좋다
* 天気てんき 날씨
* ～ですね ～이군요
* ね 상대방에게 동의를 구하
  거나, 가벼운 감동을 나타낼
  때 쓰이는 표현입니다.

24

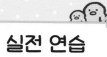

실전 연습

 세 번씩 따라 말해 보세요.

오늘은 덥네요. ▶ mp3 02-06 ✔ 2 3

今日はあついですね。
きょう

【교체하기】
さむい 춥다
すずしい 시원하다
あたたかい 따뜻하다

今日きょう 오늘
あつい 덥다

➕ 昨日きのう 어제
明日あした 내일

내일은 비가 내린다고 해요. ▶ mp3 02-07 1 2 3

明日は雨だそうです。
あした あめ

【교체하기】
雪だ 눈이 온다
ゆき
はれる 맑다
くもる 흐리다

雨あめ 비
雪ゆき 눈
〜だ 〜(이)다

➕ 「서술어+そうです」는 남에게 들은 정보를 말할 때 사용하며, '〜라고 합니다'라고 해석하면 된다.

지진이 일어나면 어떻게 해요? ▶ mp3 02-08 1 2 3

地震が起きたら、どうしますか。
じ しん お

【교체하기】
台風が来たら 태풍이 오면
たいふう き
大雨が降ったら 폭우가 내리면
おおあめ ふ
津波が来たら 해일이 오면
つ なみ き

〜たら 〜하면(가정 조건)
どう 어떻게
しますか 합니까?

➕ 일본에도 장마가 있는데 '장마'라는 말은 「梅雨つゆ」이다.

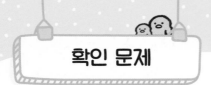

01 다음 단어에 해당하는 뜻을 오른쪽 보기에서 찾아 연결해 보세요.

① 雨[あめ]　•

② 雪[ゆき]　•

③ 地震[じ しん]　•

•　ⓐ 눈

•　ⓑ 비

•　ⓒ 지진

•　ⓓ 태풍

02 다음 빈칸에 알맞은 단어를 써서 문장을 완성하세요.

> 보기　　どう　　あつい　　雪[ゆき]だ　　すずしい

① 明日[あした]は ☐ そうです。　내일은 눈이 온대요.

② 台風[たいふう]が来[き]たら、☐ しますか。　태풍이 오면 어떻게 해요?

③ 今日[きょう]は ☐ ですね。　오늘은 덥네요.

03 다음 문장을 일본어로 말해 보세요.

☐ 날씨가 좋네요.

☐ 오늘은 춥네요.

☐ 내일은 비가 온대요.

일본어로
술~술~
나올 때까지
연습 또 연습!

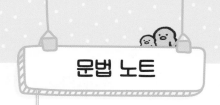

いい天気ですね。 날씨가 좋네요.

일본어는 우리말과 어순이 같지만 간혹 다른 구조로 말하기도 합니다. 그 대표적인 예가 우리는 '날씨가 좋다'고 하는데 일본인은 '좋은 날씨네요'라는 표현을 더 즐겨서 쓰는 경우입니다. 따라서 '좋다'라는 뜻의「いい」에「天気(날씨)」를 붙여서「いい天気」라고 말하고 그 뒤에「ですね(~이군요)」라는 감탄사를 붙여서 인사말처럼 사용합니다.

일본의 날씨

일본 여행 시 가장 먼저 체크해야 할 사항이 날씨입니다. 일본은 섬나라라는 특성상 비가 잦고 태풍도 자주 옵니다. 또 남북으로 길게 뻗어 있어, 남쪽의 오키나와는 아열대 기후이고, 북쪽 홋카이도는 특히 겨울이 춥고 길지요. 우리와 다른 기후이기 때문에 여행에 문제가 생길 수도 있으니, 여행 전에 날씨를 미리 확인하는 것이 좋습니다.

또한 지리적 특성상 우리나라에서는 자주 겪지 못한 다양한 자연재해를 겪을 수도 있습니다. 이때는 주위에 있는 현지인들을 따라 행동하는 것이 좋습니다. 왜냐하면 일본은 방재훈련을 정기적으로 실시하기 때문에 대비가 잘 되어 있는 편이기 때문입니다. 특히 지진이 일어나면 실외로 나와 공터로 피신하는 것이 가장 좋고, 부득이하게 실내에 있을 경우에는 물건이 떨어질 것에 대비하여 베개나 방석 등을 머리 위에 올리고 책상 아래로 몸을 피하세요.

숫자와 화폐

이것은 얼마입니까?

mp3 02-09

すみません、これはいくらですか。

せんさんびゃくえん
1300円です。

저기요, 이것은 얼마에요?

1300엔입니다.

* すみません 저기요
* これ 이것
* ～は ～은/는
* いくら 얼마
* ～ですか ～입니까?
* 円えん 엔(일본 화폐 단위)
* ～です ～입니다

28

실전 연습

세 번씩 따라 말해 보세요.

전부 합해서 3200엔입니다.

 mp3 02-l0 ✔ 2 3

ぜん ぶ　　さんぜんにひゃくえん
全部で3200円になります。

교체하기

ごうけい　　せんはっぴゃくえん
合計で1800円 총(토털) 1800엔

ぜいこみ　　きゅうひゃくはちじゅうえん
税込で９８０円 세금 포함해서 980엔

ちょうしょく つ　　いっぱくいちまんにせんえん
朝食付きで1泊12000円 조식 포함해서 1박 12000엔

全部ぜんぶ 전부
〜で 〜(합)해서

 〜になります 〜입니다(원래 뜻은 '〜가(이) 됩니다'이지만, 정중하게 말할 때 사용함)
〜つき 〜포함, 붙음

1000엔 받았습니다.

mp3 02-ll 1 2 3

せん えん　　　　　あず
千円、お預かりします。

교체하기

さんぜんえん
３千円 삼천엔

いちまんえん
1万円 만엔

カードを 카드를

 お預あずかりします 기본형인 「あずかる(맡다)」에 「お〜します」를 연결하면 매우 공손하게 받았다는 표현이 된다.

거스름돈 230엔입니다.

mp3 02-l2 1 2 3

にひゃくさんじゅうえん　　　　かえ
２３０円のお返しです。

교체하기

よんせんえん　　　　ななじゅうえん
4000円と７０円 4000엔과 70엔

ひゃくごじゅうえん
１５０円 150엔

ろっぴゃくさんじゅうえん
６３０円とレシート 630엔과 영수증

〜と 〜와(과)
レシート 영수증

 お返かえし 원래 거스름돈은 일본어로 「おつり」여서 '거스름돈입니다'는 「おつりです」라고 하기도 하지만, 계산 시에 돌려줄 돈이라는 표현으로 「おかえし」를 사용하면 좀 더 공손하게 들린다.

확인 문제

01 다음 단어에 해당하는 뜻을 오른쪽 보기에서 찾아 연결해 보세요.

① 税込み（ぜいこみ）　　　　　•

② 全部（ぜんぶ）　　　　　　　•

③ 朝食付き（ちょうしょくつき）　•

•　ⓐ 전부

•　ⓑ 세금 포함

•　ⓒ 조식 포함

•　ⓓ 토탈

02 다음 빈칸에 알맞은 단어를 써서 문장을 완성하세요.

> 보기　　お返し（かえ）　　お預かり（あず）　　いくら　　になります

① これは □□□□□ ですか。　이것은 얼마입니까?

② 1000円（えん）□□□□□ します。　1000엔 받았습니다.

③ 150円（えん）とレシートの □□□□□ です。　여기 150엔과 영수증을 받으세요.

03 다음 문장을 일본어로 말해 보세요.

☐ 전부 합해서 2000엔입니다.

☐ 3000엔 받았습니다.

☐ 거스름돈 100엔입니다.

일본어로
술~술~
나올 때까지
연습 또 연습!

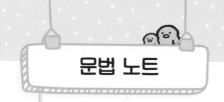

～はいくらですか。 ~은 얼마입니까?

어떤 물건의 가격을 물을 때, 기본적으로 사용하는 표현입니다. 「～は(은/는)」 앞에 물건 이름을 말하면 되는데요. 「は」는 조사로 쓰일 때 발음이 [와]로 바뀌는 것에 주의하세요. 「いくら」는 '얼마'라는 뜻이고 「～です(입니다)」에 의문사인 「か」를 붙여서 질문하면 됩니다.

(예) 入場料_{にゅうじょうりょう}はいくらですか。
입장료는 얼마입니까?

(예) 料金_{りょうきん}はいくらですか。
요금은 얼마입니까?

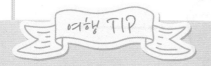

쇼핑 천국 일본

일본은 쇼핑 천국이라 할 수 있어요. 의류 쇼핑의 경우에는 여름과 겨울 세일을 노리면 싸게 구입할 수 있고, 전자제품 같은 경우에는 9월 신제품이 나오기 때문에 8월에 세일을 많이 합니다. 그 밖에도 중고매장들이 있는데, 실제로는 중고뿐만 아니라 좀 오래된 새 상품들도 많이 있습니다. 그리고 지역별
로 상품의 특징이 다르므로, 본인의 쇼핑 성향에 따라 어느 곳으로 갈지 미리 파악해두는 것도 좋습니다. 유행하는 제품을 원할 시엔 시부야나 하라주쿠를, 저렴한 물건은 아메요코 거리나 이케부쿠로나 신주쿠를, 개성 있는 의류라면 시모키타자와를 추천합니다.

날짜와 시간

▶ mp3 02-13

저는 5월 9일에 도쿄에 갑니다.

いつ東京に行きますか。

私は五月九日に行きます。

😺 언제 도쿄에 가요?

🐱 저는 5월 9일에 가요.

* いつ 언제
* 東京とうきょう 도쿄
* ~に ~에
* 行いきますか 갑니까?
* 私わたし 나, 저
* 行いきます 갑니다

32

실전 연습

✌ 세 번씩 따라 말해 보세요.

오늘은 일요일이에요.　　　　　　　　　　▶ mp3 02-14　✔ 2 3

今日は^{きょう}日曜日^{にちようび}です。

교체하기
- 火曜日^{か ようび} 화요일
- 木曜日^{もくようび} 목요일
- 土曜日^{ど ようび} 토요일

➕ 月曜日^{げつようび} 월요일
水曜日^{すいようび} 수요일
金曜日^{きんようび} 금요일

언제 오사카에 가세요?　　　　　　　　　　▶ mp3 02-15　1 2 3

いつ大阪^{おおさか}に行^いきますか。

교체하기
- 空港^{くうこう} 공항
- ソウル 서울
- 駅^{えき} 역

저는 5월 5일에 홋카이도에 가요.　　　　　　▶ mp3 02-16　1 2 3

私^{わたし}は5月5日^{ごがついつか}、北海道^{ほっかいどう}に行^いきます。

➕ 날짜 세기는 38페이지 참조

교체하기
- 5月20日^{ごがつ はつか} 5월 20일
- 12月1日^{じゅうにがつついたち} 12월 1일
- 9月7日^{くがつなのか} 9월 7일

01 다음 단어에 해당하는 뜻을 오른쪽 보기에서 찾아 연결해 보세요.

① 水曜日　すいようび　•

② 月曜日　げつようび　•

③ 日曜日　にちようび　•

ⓐ 일요일 •

ⓑ 월요일 •

ⓒ 화요일 •

ⓓ 수요일 •

02 다음 빈칸에 알맞은 단어를 써서 문장을 완성하세요.

보기　四月三日（しがつみっか）　いつ　行きます（いき）　私（わたし）

① [　　　] は火曜日（かようび）に行きます（い）。　저는 화요일에 갑니다.

② [　　　] ソウルに行きます（い）か。　언제 서울에 가요?

③ 今日（きょう）は [　　　] です。　오늘은 4월 3일입니다.

03 다음 문장을 일본어로 말해 보세요.

☐ 언제 공항에 가세요?

☐ 저는 9월 7일에 가요.

☐ 오늘은 목요일이에요.

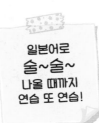

일본어로
술~술~
나올 때까지
연습 또 연습!

34

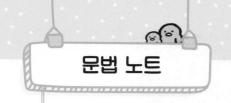

문법 노트

〜に行きますか。 〜에 갑니까?

'〜에'를 나타내는 조사 「に」에 「行く(가다)」를 합하면, '〜에 가다'라는 표현이 완성됩니다. 「行く(가다)」를 정중하게 말하면 「行きます」가 되고, 의문사인 「か」를 붙여서 질문하면 됩니다. 대답할 때는 「〜に行きます(〜에 갑니다)」로 말하면 됩니다.

(예) **案内所**はどちらに行きますか。
안내소는 어느 쪽으로 갑니까?

(예) **一番ゲート**はどこに行きますか。
1번 게이트는 어디로 갑니까?

일본의 황금연휴 「ゴールデンウィーク」

「ゴールデンウィーク(황금연휴)」는 일본에서 4월 말부터 5월 초까지 일주일 이상 쉬는 기간을 뜻하는 말이에요. 왜 그렇게 쉬는 날이 긴 걸까요? 그 이유는 그 기간에 여러 공휴일이 집중되어 있기 때문이에요. 4월 29일 쇼와의 날(しょうわのひ)부터 시작해, 5월 1일 근로자의 날, 5월 3일 헌법 기념일(けんぽうきねんび), 5월 4일 자연의 날(みどりのひ), 5월 5일 어린이날(こどものひ)이 있어요. 게다가 일본에서는 쉬는 날이 주말이나 공휴일과 겹치면 다음 날에 쉬는 대체 휴일 제도가 있어요. 따라서 이때를 이용하여 모처럼 여가나 여행을 즐기는 일본사람들이 많아요. 이러한 대형 연휴는 12월 27일부터 1월 5일까지 쉬는 연말연시(ねんまつねんし), 8월 13일부터 16일까지 이어가는 추석 휴가(おぼんやすみ)도 있어요.

아, 알려줘...!

☆ 우선 전화번호를 말하거나 물건값을 말해야 하니 기본적인 숫자부터 알아봐요.

0, 영	1, 일	2, 이	3, 삼
0(れい・ゼロ・まる)	一 (いち)	二 (に)	三 (さん)
4, 사	5, 오	6, 육	7, 칠
四 (し・よん)	五 (ご)	六 (ろく)	七 (しち・なな)
8, 팔	9, 구	10, 십	
八 (はち)	九 (きゅう・く)	十 (じゅう)	

☆ 백 단위 이상의 숫자는 이렇게 표현해요.

100	200	300
百 (ひゃく)	二百 (にひゃく)	三百 (さんびゃく)
400	500	600
四百 (よんひゃく)	五百 (ごひゃく)	六百 (ろっぴゃく)
700	800	900
七百 (ななひゃく)	八百 (はっぴゃく)	九百 (きゅうひゃく)
1000	2000	3000
千 (せん)	二千 (にせん)	三千 (さんぜん)
4000	5000	6000
四千 (よんせん)	五千 (ごせん)	六千 (ろくせん)

7000	8000	9000
七千（ななせん）	八千（はっせん）	九千（きゅうせん）
10000（일만）		
一万（いちまん）		

⭐ 주문할 때나 물건을 살 때, 수량을 셀 때는 숫자에 '개'가 포함된 이런 표현을 사용해요.

하나, 한 개	둘, 두 개	셋, 세 개
ひとつ	ふたつ	みっつ
넷, 네 개	다섯 개	여섯 개
よっつ	いつつ	むっつ
일곱 개	여덟 개	아홉 개
ななつ	やっつ	ここのつ
열 개		
とお		

⭐ 혹시 10개 이상을 살 때는 ~個(개)를 사용해요!

じゅういっこ
１１個

じゅうにこ
１２個

じゅうさんこ
１３個

じゅうよんこ
１４個

じゅうごこ
１５個

じゅうろっこ
１６個

✫ 월과 일은 月과 日에 숫자를 넣어 말해요. 요일은 우리의 명칭처럼 월요일에서 일요일을 사용합니다.

몇 월(何月)

いちがつ 1月	に がつ 2月	さんがつ 3月	し がつ 4月
ご がつ 5月	ろくがつ 6月	しちがつ 7月	はちがつ 8月
く がつ 9月	じゅう がつ 10月	じゅういちがつ 11月	じゅう に がつ 12月

며칠(何日)

ついたち 1日	ふつか 2日	みっか 3日	よっか 4日	いつか 5日	むいか 6日	なのか 7日
ようか 8日	ここのか 9日	とおか 10日	じゅういちにち 11日	じゅう に にち 12日	じゅうさんにち 13日	じゅう よっか 14日
じゅう ご にち 15日	じゅうろくにち 16日	じゅうしちにち 17日	じゅうはちにち 18日	じゅう く にち 19日	はつか 20日	にじゅういちにち 21日
にじゅう に にち 22日	にじゅうさんにち 23日	にじゅう よっか 24日	にじゅう ご にち 25日	にじゅうろくにち 26日	にじゅうしちにち 27日	にじゅうはちにち 28日
にじゅう く にち 29日	さんじゅうにち 30日	さんじゅういちにち 31日				

월요일	화요일	수요일	목요일
げつようび 月曜日	かようび 火曜日	すいようび 水曜日	もくようび 木曜日
금요일	토요일	일요일	
きんようび 金曜日	どようび 土曜日	にちようび 日曜日	

☆ 그 밖에 시간에 관한 표현을 알아보세요.

지난주	이번 주	다음 주
せんしゅう 先週	こんしゅう 今週	らいしゅう 来週

지난달	이번 달	다음 달
せんげつ 先月	こんげつ 今月	らいげつ 来月

두근두근♥
출발 전 느껴지는 설렘

내리기 전에 출입국신고서 작성하기!

로밍도 다시 한 번 확인하자!

수하물이 도착하기 전에 찰칵!

생각보다 괜찮은 기내식도 냠냠 :)

PART 03
출발

 자리 찾기

01

mp3 03-01

이 자리는 어디예요?

すみません、この<ruby>席<rt>せき</rt></ruby>はどこですか。

はい、こちらです。

 저기요, 이 자리는 어디예요?

 네, 이쪽입니다.

* この 이
* 席^{せき} 자리
* 〜は 〜은/는
* どこ 어디
* こちら 이쪽

실전 연습

세 번씩 따라 말해 보세요.

10A는 어디예요?

▶ mp3 03-02 ✔ 2 3

10のAはどこですか。
<small>じゅう</small>

교체하기

トイレ 화장실(toilet에서 온 외래어)

お手洗い 화장실
<small>て あら</small>

非常口 비상구
<small>ひ じょうぐち</small>

~の ~의
~はどこですか ~은 어디입니까?

✛ 일본어로 좌석번호를 말할 때는 '숫자+の+알파벳'으로 말해야 자연스럽다.

이쪽입니다.

▶ mp3 03-03 1 2 3

こちらです。

교체하기

そちら 그쪽

あちら 저쪽

✛ 명사＋です ~입니다

「~でございます」는 「~です(입니다)」의 공손한 표현이고, 「ございます」는 「あります(있습니다)」의 공손한 표현.

こちらにございます. 이쪽(여기)에 있습니다.

저어, 저도 이 자리인데요.

▶ mp3 03-04 1 2 3

あのう、私もこの席なんですが。
<small>わたし</small>　<small>せき</small>

교체하기

その席 그 자리
<small>せき</small>

11のB 11B

同じ番号 같은 번호
<small>おな</small>　<small>ばんごう</small>

あのう 저어, 저기요

✛ 명사＋なんですが… ~인데요…

「명사＋なんですが」는 사정을 완곡하게 설명하는 표현으로, 일본어는 직접화법보다 완곡한 간접화법을 많이 사용한다. 「です」라고 단정하여 말하기보다 원어민 느낌을 살려서 「なんですが」로 말해 보자.

01 다음 단어에 해당하는 뜻을 오른쪽 보기에서 찾아 연결해 보세요.

① トイレ •

② 席^{せき} •

③ 番号^{ばんごう} •

• ⓐ 자리

• ⓑ 화장실

• ⓒ 비상구

• ⓓ 번호

02 다음 빈칸에 알맞은 단어를 써서 문장을 완성하세요.

보기   その席^{せき}   こちら   あちら   非常口^{ひ じょう ぐち}

① [   ] はどこですか。   비상구는 어디예요?

② 私^{わたし}も [   ] なんですが。   저도 그 자리인데요.

③ お手洗^{て あら}いは [   ] です。   화장실은 이쪽입니다.

03 다음 문장을 일본어로 말해 보세요.

☐ 화장실은 어디예요?

☐ 이 자리는 어디예요?

☐ 저도 같은 번호인데요.

일본어로
술~술~
나올 때까지
연습 또 연습!

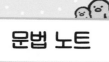

문법 노트

～はどこですか。 ~은 어디예요?

「～は(～은/는)＋どこ(어디)＋ですか(～입니까?)」는 장소나 위치를 물어볼 때 쓰는 표현이에요. '어느 쪽'인지 물어볼 때는 「どこ」가 아니라 「どちら」라고 해야 합니다. '～은/는'의 뜻으로 쓰이는 「は」는 '하[ha]'가 아닌 '와[wa]'로 발음해야 하는 점을 유의하세요.

예 すみません、出口はどこですか。

　　저기요, 출구는 어디예요?

예 すみません、エレベーターはどこですか。

　　죄송하지만, 엘리베이터는 어디예요?

두루두루 쓰이는 「すみません」

여행 때 가장 많이 듣고 쓰는 말이 「すみません」일 거예요. 원래는 '미안합니다'라는 뜻이지만, 식당에서 직원을 부르거나 모르는 사람에게 말을 걸 때 '여기요', '실례합니다'라는 뜻으로도 쓰여요. 기내에서 승무원에게 뭔가를 묻거나 요청할 때도 「すみません」을 먼저 말하는 게 좋아요. 기내 통로에 다른 승객이 있어 지나가기 어려울 때, 화장실을 가느라 옆자리 승객에게 양해를 구해야 할 때가 있죠? 이럴 때도 「すみません」이라고 말하면서 손을 살짝 들어올리면 지나가겠다는 의사를 자연스럽게 전달할 수 있어요.

mp3 03-05

커피를 주세요.

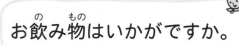

お飲(の)み物(もの)はいかがですか。

コーヒーをおねがいします。

 음료 드시겠습니까?

커피를 주세요.

* (お)飲(の)み物(もの) 음료, 마실 것
* 〜はいかがですか 〜은 어떠세요?(〜はどうですか보다 정중한 권유 표현)
* コーヒー 커피
* 〜を 〜을/를
* おねがいします 부탁합니다

실전 연습

 세 번씩 따라 말해 보세요.

차를 주세요.

▶ mp3 03-06

お茶をおねがいします。

교체하기

- コーラ 콜라
- オレンジジュース 오렌지주스
- ミネラルウォーター 생수

➕ ~をおねがいします ~을 부탁합니다. ~을 주세요

「~をください(~을 주세요)」라고 해도 되지만, 「~をおねがいします」가 더 정중한 느낌을 준다.

물 좀 주시겠어요?

▶ mp3 03-07

お水をいただけますか。

교체하기

- 毛布を 담요를
- 入国カードをもう1枚 입국카드를 한 장 더
- イヤホンを 이어폰을

もう1枚 한 장 더(한국어와 어순이 다름에 주의)

➕「~をいただけますか(~을 주시겠어요?)」는 직역하면 '(제가) ~을 받을 수 있을까요?'라는 뜻으로 무언가를 정중하게 요청할 때 많이 쓴다.

맥주는 있어요?

▶ mp3 03-08

ビールはありますか。

교체하기

- ワイン 와인
- アイマスク 안대
- 胃腸薬(胃薬) 위장약, 소화제

➕ 무생물+はありますか ~은 있어요?

일본어의 경우 '있습니다'는 존재 대상에 따라 두 가지 표현이 있다.

あります (무생물이) 있습니다.
います (생물이) 있습니다

➕ お薬 약
酔い止め 멀미약
下痢止め 설사약

01 다음 단어에 해당하는 뜻을 오른쪽 보기에서 찾아 연결해 보세요.

① ビール •

② コーヒー •

③ ミネラルウォーター •

• ⓐ 생수

• ⓑ 오렌지주스

• ⓒ 커피

• ⓓ 맥주

02 다음 빈칸에 알맞은 단어를 써서 문장을 완성하세요.

> 보기   お飲み物(のみもの)   お茶(ちゃ)   胃腸薬(いちょうやく)   毛布(もうふ)

① ☐ をおねがいします。 차를 주세요.

② ☐ をいただけますか。 담요 좀 주실래요?

③ ☐ はありますか。 소화제 있어요?

03 다음 문장을 일본어로 말해 보세요.

☐ 커피를 주세요.

☐ 맥주는 있어요?

☐ 물 좀 주시겠어요?

일본어로
술~술~
나올 때까지
연습 또 연습!

〜をおねがいします。 〜을 부탁해요.

「〜を(〜을/를)＋おねがいします(부탁합니다)」를 원하는 것 뒤에 붙이면 '〜을 주세요'라는 말이 더욱 정중한 표현이 됩니다. 여행 내내 다양한 상황에서 많이 쓰이는 표현이니 꼭 알아두세요.

예 チェックインをおねがいします。
　 (숙소에서) 체크인을 부탁해요.

예 会計^{かいけい}をおねがいします。
　 (식당에서) 계산 좀 해주세요.

거절할 때 「けっこうです」

비행기 안에서 승무원에게 음료나 기내식 등 이러저러한 서비스를 받겠냐는 질문을 듣게 됩니다. 만약 서비스를 원하지 않을 때 어떻게 말하면 될까요?

けっこうです。(됐습니다.)
大丈夫^{だいじょうぶ}です。(괜찮습니다.)

사양하거나 거절할 때 유용하게 쓰이는 표현들이니 꼭 기억해 두세요.
특히 의사를 확실하게 전달하고 싶을 때는 「けっこうです」로 답하는 것이 좋아요.

관광입니다.

▶ mp3 03-09

^{りょこう}旅行の ^{もくてき}目的は ^{なん}何ですか。

IMMIGRATION

^{かんこう}観光です。

 여행 목적은 뭐죠?

관광입니다.

* 旅行りょこう 여행
* 目的もくてき 목적
* 何なんですか 무엇입니까?
* 観光かんこう 관광

실전 연습

세 번씩 따라 말해 보세요.

어디에서 묵을 예정이에요?　　　　　　　　　　▶ mp3 03-10

どこに泊まる予定ですか。

교체하기

どのくらい滞在する 얼마나 체류할

どこ 어디
泊まる 머물다, 묵다
予定ょてい 예정
どのくらい 어느 정도
滞在たいざいする 체류하다

이틀(간)입니다.　　　　　　　　　　　　　　▶ mp3 03-11 １ 2 3

２日(間)です。

교체하기

- ３日(間) 사흘(간)
- ４日(間) 나흘(간)
- １週間くらい 일주일 정도

➕ 기간＋です ～입니다

～くらい ～정도

기간을 대략 어림잡아 말할 때는 「くらい」를 붙여 말하면 된다.

(숙소 정보를 보여주며) 이 호텔입니다.　　　　▶ mp3 03-12 １ 2 3

このホテルです。

교체하기

- ここ 여기
- 新宿ABCホテル 신주쿠 ABC호텔
- 友達の家 친구 집

➕ 장소＋です (장소)입니다

장소 ＋ に泊まる予定ょていです
～에 머물 예정입니다

확인 문제

01 다음 단어에 해당하는 뜻을 오른쪽 보기에서 찾아 연결해 보세요.

① 観光 _{かんこう} •

② ホテル •

③ ここ •

• ⓐ 어디

• ⓑ 여기

• ⓒ 호텔

• ⓓ 관광

02 다음 빈칸에 알맞은 단어를 써서 문장을 완성하세요.

> 보기   どこ   どのくらい   目的 _{もくてき}   観光 _{かんこう}

① 旅行の _{りょこう} [   ] は何ですか。 _{なん} 여행 목적은 뭐예요?

② [   ] に泊まる予定ですか。 _と _{よ てい} 어디에 머물 예정이에요?

③ [   ] 滞在する予定ですか。 _{たいざい} _{よ てい} 얼마나 체류할 예정이에요?

03 다음 문장을 일본어로 말해 보세요.

☐ 관광입니다.

☐ 이 호텔입니다.

☐ 일주일 정도입니다.

일본어로
술~술~
나올 때까지
연습 또 연습!

52

문법 노트

～です。 ～입니다.

「～です」는 정중하게 '～입니다'라고 말할 때 쓰여요. 부정형은 「～ではありません(～가 아닙니다)」입니다. 「では」는 [데와]라고 발음하며 일상회화에서는 「では」를 「じゃ」로 줄여 쓰는 경우가 많습니다.

예 **韓国人**です。
한국인입니다.

예 **中国人**ではありません。
중국인이 아닙니다.

입국 및 세관 심사

입국 심사는 입국 신고서만 정확하게 작성하면 별다른 질문 없이 통과되는 경우가 많아요. 간혹 심사관이 질문을 하기도 하는데 예상되는 질문에 대한 답을 준비해 가면 좋아요. 입국 심사를 마치고 짐을 찾았으면 세관을 통과해야 합니다. 이때 휴대품 신고서를 제출하고 신고할 물건이 없는 경우 세관 직원의 질문에 이렇게 답하면 됩니다.

申告するものはありますか。신고할 물건이 있습니까?
ありません。없습니다.

 공항 안내소 문의

▶ mp3 03-13

리무진 버스 표를 사고 싶은데요.

 リムジンバスのきっぷを買いたいんですが…。

きっぷうりばはあちらでございます。

🐻 리무진 버스 표를 사고 싶은데요.

👩 매표소는 저쪽입니다.

* **きっぷ** 표, 승차권
* **買かう** 사다
* **きっぷうりば** 매표소
* **うりば** 파는 곳
* **あちら** 저쪽
* **〜でございます** 〜입니다
  (공손한 표현)

실전 연습

세 번씩 따라 말해 보세요.

리무진 버스 타는 곳은 어디예요?

▶ mp3 03-14 ✔ 2 3

リムジンバスの**のりば**はどこですか。

교체하기

タクシーのりば 택시 승강장
図書館〔としょかん〕 도서관
地下鉄の駅〔ちかてつ えき〕 지하철 역

のりば 타는 곳, 승강장
〜はどこですか 〜은 어디예요?

➕ 이럴 때는 の 생략!
명사와 명사를 연결하는 「の」는 거의 생략되지 않지만, 「タクシーのりば」, 「きっぷうりば」와 같이 명사와 명사가 결합해서 한 단어를 구성하는 경우에는 생략한다.

이 층에 편의점이 있어요?

▶ mp3 03-15 1 2 3

この階〔かい〕に**コンビニ**はありますか。

교체하기

コインロッカー 코인로커
トイレ(お手洗い)〔て あら〕 화장실
郵便局〔ゆうびんきょく〕 우체국

この階〔かい〕 이 층
〜に 〜에
〜はありますか 〜은 있어요?

➕ この階〔かい〕にはありません。
이 층에는 없어요.

地下〔ちか〕1階〔いっかい〕にあります。
지하 1층에 있어요.

스카이라이너 표는 어디서 살 수 있어요?

▶ mp3 03-16 1 2 3

スカイライナーの**きっぷ**はどこで買〔か〕えますか。

교체하기

成田エクスプレスのきっぷ〔なり た〕 나리타 익스프레스 표
シムカード 유심카드
スイカ 스이카(가장 많이 사용되는 선불 교통카드)

➕ 스카이라이너, 나리타익스프레스는 나리타 공항과 도쿄 시내를 연결하는 특급열차 명칭이다.

「買〔か〕えますか」는 「買〔か〕う(사다)→買〔か〕える(살 수 있다)→買〔か〕えます(살 수 있습니다)」에 의문조사 「か」가 붙은 형태이다.

01 다음 단어에 해당하는 뜻을 오른쪽 보기에서 찾아 연결해 보세요.

① リムジンバス　　　　•

② コンビニ　　　　　　•

③ コインロッカー　　　•

　　　　　　　　　　　　　　•　ⓐ 코인로커

　　　　　　　　　　　　　　•　ⓑ 리무진 버스

　　　　　　　　　　　　　　•　ⓒ 승강장

　　　　　　　　　　　　　　•　ⓓ 편의점

02 다음 빈칸에 알맞은 단어를 써서 문장을 완성하세요.

> 보기　　　どこで　　この階　　のりば　　うりば

① リムジンバスの 　　　　　 はどこですか。

　リ무진 버스 타는 곳은 어디예요?

② きっぷは 　　　　　 買えますか。　표는 어디서 살 수 있어요?

③ 　　　　　 にトイレはありますか。　이 층에 화장실이 있어요?

03 다음 문장을 일본어로 말해 보세요.

☐　리무진 버스 표를 사고 싶은데요.

☐　매표소는 어디예요?

☐　이 층에 편의점이 있어요?

일본어로
술~술~
나올 때까지
연습 또 연습!

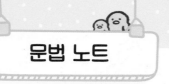

문법 노트

〜を買(か)いたいんですが。 〜을 사고 싶은데요.

「〜たいんですが(〜하고 싶은데요)」는 동사에 접속해 희망을 나타내는 「〜たい(〜하고 싶다)」와 사정을 완곡하게 설명하는 「〜んですが(〜인데요)」가 더해진 표현이에요. 「買(か)う」는 '사다'라는 뜻의 동사로, '사고 싶다'라고 할 때는 「買(か)いたい」라고 말해요. 「〜を買(か)いたいんですが」는 여행하면서 구매하려는 것에 대한 정보를 얻고 싶을 때 유용하게 쓸 수 있어요.

예 おみやげを買(か)いたいんですが。 여행 선물을 사고 싶은데요.

예 これを買(か)いたいんですが。 (사진을 보여주며) 이것을 사고 싶은데요.

승차권도 역시 「おねがいします」

공항에서 도심으로 이동하려면 승차권을 사야겠죠? 이용하려는 대중교통의 승차권 판매 카운터를 찾아 직원에게 「おねがいします」로 이렇게 말해 보세요.

新宿(しんじゅく)まで1枚(いちまい)おねがいします。 신주쿠까지 1장 주세요.

목적지는 '〜까지'라는 뜻의 「まで」를 붙여 말해 주세요. 승차권 매수는 '2장'이면 「2枚(にまい)」, '3장'이면 「3枚(さんまい)」라고 말하고 어린이와 동반할 경우는 「大人(おとな)2枚(にまい)、子供(こども)1枚(いちまい)(어른 2장, 어린이 1장)」와 같이 말하면 됩니다.

공항철도 타고 도쿄로 출발!

지하철 이용법은 우리나라랑 거의 비슷하네?!

내릴 때 버스카드 단말기 태그는 필수!

버스도 타 볼까?

규정속도 준수하는 모범적인 택시

PART 04

교통수단

 전철 ▶ mp3 04-01

이 전철은 신주쿠역까지 가나요?

すみません、この電車は新宿駅まで行きますか。

はい、行きます。

ありがとうございます。

 저기요, 이 전철은 신주쿠역까지 가나요?

네, 갑니다.

고맙습니다.

* 電車でんしゃ 전철
* ○○駅えき ○○역
* ～まで ～까지
* 行いきますか 갑니까?
* 行いきます 갑니다

실전 연습

세 번씩 따라 말해 보세요.

다음 전철을 타면 되나요?   ▶ mp3 04-02 ☑ 2 3

次<small>つぎ</small>の電車<small>でんしゃ</small>に乗<small>の</small>ればいいですか。

교체하기

- 何行<small>なにゆ</small>きの電車<small>でんしゃ</small>に 어디 행 전철을
- 何線<small>なにせん</small>に 몇 호선을
- 何番線<small>なんばんせん</small>で 몇 번 승강장에서

乗<small>の</small>れば 타면
乗る(타다)+ば=乗れば

~ば ~(하)면
~ばいいですか ~(하)면 됩니까?

➕ '~을 타다(교통 수단)'는 조사 「を」가 아니고 「に」를 써서 「~に乗る」라고 한다.

다음 역에서 갈아타면 되나요?   ▶ mp3 04-03 1 2 3

次<small>つぎ</small>の駅<small>えき</small>で乗<small>の</small>り換<small>か</small>えればいいですか。

교체하기

- どの駅<small>えき</small>で 어느 역에서
- どこで 어디서
- 何線<small>なにせん</small>に 몇 호선으로

乗<small>の</small>り換<small>か</small>えれば 갈아타면
乗り換える(갈아타다)+ば=乗り換えれば

➕ ここ 여기
そこ 거기
あそこ 저기
どこ 어디

어느 출구에서 나가면 되나요?   ▶ mp3 04-04 1 2 3

どの出口<small>でぐち</small>から出<small>で</small>ればいいですか。

교체하기

- この改札口<small>かいさつぐち</small> 이 개찰구
- ここ 여기
- 南口<small>みなみぐち</small> 남쪽 출구

どの 어느
出口<small>でぐち</small> 출구
~から ~에서, ~부터
出<small>で</small>れば 나가면
出る(나가다)+ば=出れば

➕ 東口<small>ひがしぐち</small> 동쪽 출구
西口<small>にしぐち</small> 서쪽 출구
北口<small>きたぐち</small> 북쪽 출구

확인 문제

01 다음 단어에 해당하는 뜻을 오른쪽 보기에서 찾아 연결해 보세요.

① 乗る　　　　　•

② 乗り換える　•

③ 出る　　　　•

•　ⓐ 내리다

•　ⓑ 갈아타다

•　ⓒ 타다

•　ⓓ 나가다

02 다음 빈칸에 알맞은 단어를 써서 문장을 완성하세요.

> 보기　出れば　　降りれば　　乗り換えれば　　乗れば

① 2番線で [　　　] いいですか。　2번 승강장에서 타면 되나요?

② 銀座線に [　　　] いいですか。　긴자선으로 갈아타면 되나요?

③ 南口から [　　　] いいですか。　남쪽 출구에서 나가면 되나요?

03 다음 문장을 일본어로 말해 보세요.

☐　몇 호선으로 갈아타면 되나요?

☐　다음 전철을 타면 되나요?

☐　이 전철은 신주쿠역까지 가나요?

일본어로
술~술~
나올 때까지
연습 또 연습!

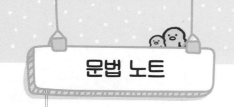

문법 노트

〜まで行^いきますか。 ~까지 가나요?

일본어로 '〜까지'라는 표현은 「〜まで」입니다. 장소뿐만 아니라 시간 등 다양한 단어를 넣어서 사용 가능합니다. 그리고 '간다'라는 뜻의 동사 「行く」를 정중하게 말할 때 쓰는 「行きます」로 바꾸고 거기에 의문사인 「か」를 붙여서 말하면 됩니다.

예 駅^{えき}に３時^じまで行^いきますか。
역에 3시까지 갈 겁니까?

예 ユニバーサルスタジオまでどうやって行^いきますか。
유니버설 스튜디오까지 어떻게 갑니까?

전철과 지하철 이용

일반적으로는 1일 승차권을 구매하거나 충전식 교통카드(스이카, 파스모)를 구매해서 활용하면 편리합니다. 승차권은 각 역의 티켓 자판기(일어, 영어 지원)에서 구입할 수 있고, 그 승차권을 사용하여 탑승하면 됩니다. 또한 일본 전철은 보통, 쾌속, 급행 열차가 있으므로 정차하는 역을 확인하는 것이 필수입니다. 왜냐하면 급행의 경우는 주요 역에만 정차하기 때문이에요. 또 일본 지하철은 운영 노선에 따라 운영자가 달라서 노선끼리 환승이 안되는 경우가 있어요. 이때는 별도의 요금을 내야 하므로 유의해야 합니다.

※ 스이카(Suica)와 파스모(PASMO)
일본에는 지역별로 다양한 충전식 교통카드가 있어요. 그 중 Suica와 PASMO는 수도권을 중심으로 대부분의 교통수단을 이용할 수 있고, 전자화폐 기능도 있어서 제휴 편의점이나 음식점 등에서도 이용할 수 있어요. 구입 시 보증금 500엔이 들지만 반납 시 돌려받을 수 있어요. 다만 스이카는 잔액이 남아 있으면 수수료 220엔을 지불해야 하니, 충전 금액이 남지 않도록 사용하면 더 좋습니다.

 버스

저 버스를 타세요.

mp3 04-05

すみません、浅草寺に行きたいんですが。

あのバスに乗ってください。

저기요, 센소지에 가고 싶은데요.

저 버스를 타세요.

* **あの** 저
* **バス** 버스
* **乗の** 타다
* **〜てください** ~해 주세요
* **浅草寺** せんそうじ 센소지
* **行いきたい** 가고 싶다

실전 연습

 세 번씩 따라 말해 보세요.

저 버스를 타세요.

▶ mp3 04-06 ☑ 2 3

あのバスに乗ってください。

교체하기
- 次のバス 다음 버스
- 新宿行きのバス 신주쿠행 버스
- 10番のバス 10번 버스

➕ ～に乗ってください ～을 타세요

동사에 「～てください」를 붙이면
'～해 주세요'라는 요구 표현이 된다.
乗る(타다) → 乗ってください(타
주세요)

여기에서 내리세요.

▶ mp3 04-07 1 2 3

ここで降りてください。

교체하기
- 次 다음
- 次の停留所 다음 정류소
- みっつめの停留所 세 번째 정류소

ここ 여기
降りる 내리다
次 다음
停留所 정류소
みっつめ 세 번째

➕ 次の次の 다다음
終点 종점

만 엔짜리 지폐밖에 없는데요.

▶ mp3 04-08 1 2 3

1万円札しかないんですが。

교체하기
- 5千円札 오천 엔 지폐
- 大きいの 큰돈
- 小銭 잔돈

➕ ～んですが ～입니다만(상대방에게
상황이나 사정을 설명할 때 쓰인다.)

札 지폐
～しか ～밖에
ない 없다
小銭 잔돈

확인 문제

01 다음 단어를 보고 오른쪽 보기에서 뜻을 찾아 연결해 보세요.

① 停留所(ていりゅうじょ)　•

② 小銭(こぜに)　•

③ 降(お)りる　•

　　•　ⓐ 지폐

　　•　ⓑ 내리다

　　•　ⓒ 잔돈

　　•　ⓓ 정류장

02 다음 빈칸에 알맞은 단어를 써서 문장을 완성하세요.

> 보기　乗(の)って　　ないんですが　　降(お)りて　　入(い)れて

① 次(つぎ)のバスに [　　　　　] ください。　다음 버스를 타세요.

② 大(おお)きいのしか [　　　　　] 。　큰돈밖에 없는데요.

③ 次(つぎ)の停留所(ていりゅうじょ)で [　　　　　] ください。　다음 정류장에서 내리세요.

03 우리말 문장을 보고 일본어로 바로 말해 보세요.

☐　저 버스를 타세요.

☐　잔돈밖에 없는데요.

☐　다음에 내리세요.

일본어로
술~술~
나올 때까지
연습 또 연습!

～しかないんですが。 ~밖에 없는데요.

일본어에는 다양한 한정 표현이 있지만, 뒤에 반드시 부정문이 와야 하는 건「しか」뿐입니다. 따라서「～しか(밖에) + ない(없다)」에 강조하는「～んですが」를 붙이면 '~밖에 없는데요'라는 표현이 완성됩니다.

(예) 今日はあいにくお弁当が一つしかないんですが。

오늘은 마침 도시락이 한 개밖에 없는데요.

(예) もう電車がないから、タクシーで行くしかないんですが。

이제 전철이 끊겼으니, 택시로 갈 수밖에 없겠네요.

일본 버스 이용법

일본 공항에서 목적지까지 공항버스를 타면 가격이 저렴하고, 정류장이 여러 곳이라 숙소나 목적지와 가까운 곳에 정차할 수 있어서 짐이 많은 경우에는 정말 편리해요.

시내버스의 경우는 한국과는 달리, 대수가 많지 않고 운행 구역도 제한적이에요. 시내버스를 이용할 때는 뒷문으로 타서 앞문으로 내리는 경우가 많아요. 앞문으로 탈 땐 돈을 바로 내고 타면 되고, 뒷문으로 탈 때는 번호가 적힌 '정리권'을 뽑습니다. 내릴 때 하차벨을 누르면 전광판에 정리권 번호에 해당하는 금액이 나오는데, 그 금액을 하차할 때 내면 되지요. 교통카드를 사용하는 것이 가장 편한 우리나라 버스처럼 버스 내 단말기에 카드를 대면 자동으로 요금이 지불돼요. 하차 시에는 미리 일어서지 말고 벨만 누르고 정차하기를 기다렸다가 천천히 내리면 됩니다.

 택시

▶ mp3 04-09

앞으로, 얼마나 걸려요?

 あと、どのくらいかかりますか。

10分ぐらいかかると思^{おも}います。

10分ぐらいかかると思います。

 앞으로, 얼마나 걸려요?

 10분 정도 걸릴 것 같아요.

* あと 앞으로, 나중
* どのくらい 어느 정도
* かかる (시간·비용 등) 소요되다
* ~と思^{おも}う ~라고 생각한다
  (자신의 생각이나 추측을 말할 때
  많이 쓰는 표현)

실전 연습

세 번씩 따라 말해 보세요.

(주소를 보여주며) 여기까지 가 주세요.　▶ mp3 04-10 ✔ 2 3

ここまでお願いします。
（ねが）

お願いします 부탁합니다
목적지+まで ～까지

교체하기
- **このホテル** 이 호텔
- **羽田空港** 하네다공항
（はね だ くうこう）
- **東京駅** 도쿄역
（とうきょうえき）

1시 비행기 시간에 맞출 수 있을까요?　▶ mp3 04-11 1 2 3

１時のフライトに間に合うでしょうか。
（いち じ）　　　　　　　（ま）（あ）

～に間に合うでしょうか ～시
간에 맞출 수 있을까요?
間に合う 시간에 대다
～でしょうか ～일까요?(좀 부드럽
게 물을 때 사용하는 표현)

교체하기
- **２時の飛行機** 2시 비행기
（に じ）（ひ こう き）
- **３時のバス** 3시 버스
（さん じ）
- **４時半の新幹線** 4시 반 신칸센
（よ じ はん）（しんかんせん）

여기서 세워 주세요.　▶ mp3 04-12 1 2 3

ここで止めてください。
（と）

止める 세우다, 멈추다
止めてください 세워 주세요

ビル 빌딩, 건물
コンビニ 편의점
交差点 건널목, 교차로
（こうさてん）
手前 바로 앞
（てまえ）

교체하기
- **あのビルの前で** 저 건물 앞에서
（まえ）
- **あのコンビニの前で** 저 편의점 앞에서
（まえ）
- **交差点の手前で** 건널목 바로 앞에서
（こう さ てん）（て まえ）

확인 문제

01 다음 단어를 보고 오른쪽 보기에서 뜻을 찾아 연결해 보세요.

① 思う　　　　　•
　　　　　　　　　　　　　• ⓐ 세우다, 멈추다

　　　　　　　　　　　　　• ⓑ 내리다

② 止める　　　•
　　　　　　　　　　　　　• ⓒ 소요되다, 걸리다

③ かかる　　　•
　　　　　　　　　　　　　• ⓓ 생각하다

02 다음 빈칸에 알맞은 단어를 써서 문장을 완성하세요.

> 보기　どのくらい　　まで　　間に合う　　かかる

① 東京駅 [　　　　　] お願いします。　도쿄역까지 가 주세요.

② あと [　　　　　] かかりますか。　앞으로 얼마나 걸려요?

③ 2時のバスに [　　　　　] でしょうか。

　2시 버스 시간에 맞출 수 있을까요?

03 우리말 문장을 보고 일본어로 바로 말해 보세요.

　☐　이 호텔까지 가 주세요.

　☐　얼마나 걸려요?

　☐　여기서 세워 주세요.

일본어로
술~술~
나올 때까지
연습 또 연습!

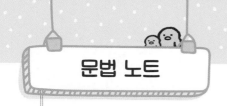
どのくらいかかりますか。 어느 정도 걸려요?

「かかる」는 '(시간이) 걸리다'라는 뜻이고, 「かかりますか」는 「かかります(걸립니다)」에 의문을 나타내는 「か(~까?)」가 붙은 표현입니다. 소요 시간이 궁금할 때는 「どの(어느)＋くらい(정도)＋かかりますか(걸립니까?)」라고 물어볼 수 있어요. 참고로 「かかる」는 비용이나 수고가 '들다'라는 뜻도 있어요.

예 到着^{とうちゃく}までどのくらいかかりますか。

도착까지 얼마나 걸려요?

예 ここからどのくらいかかりますか。

여기에서 얼마나 걸려요?

택시 이용 Tip

일본 택시는 기본요금이 800엔 전후로 비싼 편이라 자주 이용하기는 힘들지만, 최근 탑승률이 하락해서 승차 전 택시 요금을 결정하는 사전 요금제가 시행되고 있다고 해요. 요금이 얼마인지 물어본 후에, 여러 명이 가까운 거리를 갈 땐 이용할 만합니다. 다만 일본 택시기사는 규정 속도를 준수하기에 천천히 가는 느낌이 들 수도 있는데, 이럴 경우에 재촉하지 않는 것이 에티켓이에요.
그리고 혼자 타더라도 뒷좌석에 앉는 것이 일반적이에요. 단 인원이 많을 경우에는 앞 좌석에도 탈 수 있습니다. 일본 택시는 뒷문이 자동문이라 타고 내릴 때 직접 여닫지 않습니다.

 기차

mp3 04-13

내일 아침 8시 표로 주세요.

京都行き新幹線のきっぷをお願いします。
きょうと ゆ しんかんせん ねが

ご出発はいつですか。
しゅっぱつ

あしたの朝8時のでお願いします。
あさ じ ねが

Train Tickets

🐰 교토행 신칸센 표를 주세요.

👩 출발은 언제입니까?

🐰 내일 아침 8시 표로 주세요.

* 京都きょうと 교토
* 〜行ゆき 〜행
* 新幹線しんかんせん 신칸센(일본 고속열차)
* きっぷ 표, 티켓
* ご出発しゅっぱつ 출발(정중한 표현)
* 朝あさ 아침
* 〜ので 〜것으로

72

실전 연습

세 번씩 따라 말해 보세요.

지정석으로 주세요.　　　　　　　　　　　　　　　▶ mp3 04-14　✔ 2 3

指定席でお願いします。

교체하기

自由席 자유석
片道 편도
往復 왕복

指定席 지정석
自由席 자유석
片道 편도
往復 왕복

나고야행은 몇 번 플랫폼입니까?　　　　　　　　　▶ mp3 04-15　1 2 3

名古屋行きは何番ホームですか。

교체하기

東京行き 도쿄행
大阪行き 오사카행
箱根行き 하코네행

➕「～行き」는 '～행'이라고 할 때 쓰는 표현으로 '어디 행'이냐고 물을 때는「どこ行き」라고 하면 된다.

창가 쪽 자리를 주세요.　　　　　　　　　　　　　▶ mp3 04-16　1 2 3

窓側の席をください。

교체하기

通路側 통로 쪽 자리
禁煙席 금연석
喫煙席 흡연석

～をください ～을/를 주세요

➕ 신칸센은 지정석과 자유석이 있으며, 금연석과 흡연석으로 나뉘어 있으니 티켓을 살 때 주의해야 한다.

01 다음 단어를 보고 오른쪽 보기에서 뜻을 찾아 연결해 보세요.

① 禁煙席 （きんえんせき） •

② 自由席 （じゆうせき） •

③ 指定席 （していせき） •

• ⓐ 지정석

• ⓑ 자유석

• ⓒ 금연석

• ⓓ 흡연석

02 다음 빈칸에 알맞은 단어를 써서 문장을 완성하세요.

> 보기   きっぷ   大阪行き（おおさかゆき）   窓側（まどがわ）   禁煙席（きんえんせき）

① 京都行き新幹線（きょうとゆきしんかんせん）の ☐ をお願（ねが）いします。

교토행 신칸센 표를 주세요.

② ☐ は何番（なんばん）ホームですか。　오사카행은 몇 번 플랫폼입니까?

③ ☐ の席（せき）をください。　창가 쪽 자리를 주세요.

03 우리말 문장을 보고 일본어로 바로 말해 보세요.

☐ 출발은 언제입니까?

☐ 지정석으로 주세요.

☐ 나고야행은 몇 번 플랫폼입니까?

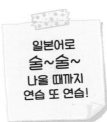

일본어로
술~술~
나올 때까지
연습 또 연습!

시간+のでお願いします。 ~것으로 부탁해요.

「の」는 '것'이라는 뜻이고 「～で」는 '～으로'이므로 '～시간 것(티켓)으로'라는 표현이
됩니다. 그 뒤에 「お願いします(부탁합니다)」를 붙여서 사용하면 「ください(주세
요)」보다 더 정중한 표현이 됩니다.

㉖ 午前10時以降で一番早いのでお願いします。

　오전 10시 이후로 가장 빠른 것으로 주세요.

㉖ 夜一番遅いのでお願いします。

　밤에 가장 늦은 시간대 것으로 주세요.

기차여행

일본의 대표적인 기차는 신칸센입니다. 다른 도시로 이동할 때
가장 빠르지만 다소 비싸므로 외국인을 위한 JR패스를 이용
하면 교통비 부담을 줄일 수 있어요. 신칸센과 특급열차 이용
시, 승차권 외에 특급권(자유석/지정석)이 필요하므로 주의하
세요.

애플리케이션으로 기차를 예약하려면 스마트EX로 회원가입을 한 후 예약하면 편리합니다.
한편 다양한 관광열차를 타고 낭만 여행을 즐길 수도 있어요. 대표적인 상품으로는 '일본에서
가장 가난한 관광열차(日本一貧乏な観光列車)'로 알려진 「나가마레(ながまれ)」가 있습니다.

호텔을 예약해 볼까?

야무지게 조식도 챙겨 먹어야지!

전통 여관도 정말 운치 있어!

료칸은 어떨까?

어머, 이렇게 귀여운 게 방이라고?

 체크인

mp3 05-01

예약한 라이언입니다.

よやく
予約したライオンです。
チェックインをおねがいします。

ライオンさまですね。
しょうしょう　ま
少々お待ちください。

예약한 라이언입니다.

체크인 부탁해요.

라이언님이시군요.

잠시만 기다려 주십시오.

* 予約よやくした〜 예약한 〜
* チェックイン 체크인
* 〜さま(様) 〜님(극존칭)
* 〜ですね 〜군요(확인), 〜네요(동의)
* 少々しょうしょう 잠시(少すこし보다 공손어)

실전 연습

 세 번씩 따라 말해 보세요.

무료 와이파이는 있어요?

▶ mp3 05-02 ☑ 2 3

無料のWi-Fiはありますか。
(むりょう)

교체하기

- ホテルにバー 호텔에 바
- 部屋にドライヤー 방에 드라이어
  (へや)
- レンタサイクル(貸し自転車) 대여 자전거
  (か じ てんしゃ)

✤ ~はありますか ~는 있어요?

원하는 서비스가 제공되는지 또는 찾는 시설이 있는지 「~はありますか」로 간단하게 물어볼 수 있다.

部屋へや 방

아침 식사는 몇 시부터예요?

▶ mp3 05-03 1 2 3

朝食は何時からですか。
(ちょうしょく)(なんじ)

교체하기

- バーは何時から 바는 몇 시부터
  (なんじ)
- チェクアウトは何時まで 체크아웃은 몇 시까지
  (なんじ)
- 門限は何時まで 통금시간은 몇 시까지
  (もんげん)(なんじ)

何時なんじから 몇 시부터

何時なんじまで 몇 시까지

✤ 통금시간이 있는지는 「門限もんげん はありますか。」라고 물어보면 된다.

위층 (방)을 부탁해도 될까요?

▶ mp3 05-04 1 2 3

上の階(の部屋)をお願いできますか。
(うえ)(かい)(へや)(ねが)

교체하기

- 角部屋 구석방
  (かど べ や)
- 静かな部屋 조용한 방
  (しず)(へ や)
- 眺めのいい部屋 전망이 좋은 방
  (なが)(へ や)

✤ ~をおねがいできますか ~을 부 탁해도 될까요?

「できますか。(할 수 있어요?)」는 무 언가가 가능한지 물을 때 쓰는 말 로, 체크인 시간보다 일찍 도착했다 면 「チェクインできますか。(체크인 할 수 있어요?)」라고 물어보면 된다.

01 다음 단어를 보고 오른쪽 보기에서 뜻을 찾아 연결해 보세요.

① 予約_{よやく} •

② 部屋_{へや} •

③ チェックイン •

• ⓐ 방

• ⓑ 예약

• ⓒ 체크인

• ⓓ 체크아웃

02 다음 빈칸에 알맞은 단어를 써서 문장을 완성하세요.

> 보기   朝食_{ちょうしょく}   部屋_{へや}   予約_{よやく}   上の階_{うえ かい}

① ☐ にドライヤーはありますか。 방에 드라이어는 있어요?

② ☐ は何時_{なんじ}からですか。 아침 식사는 몇 시부터예요?

③ ☐ をおねがいできますか。 위층 (방)을 부탁해도 될까요?

03 우리말 문장을 보고 일본어로 바로 말해 보세요.

☐ 예약한 라이언입니다.

☐ 체크인 부탁합니다.

☐ 체크아웃은 몇 시까지입니까?

일본어로
술~술~
나올 때까지
연습 또 연습!

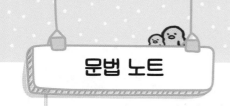

문법 노트

予約した+이름+です。 예약한 ~입니다.

호텔이나 식당 등에서 예약 여부를 말할 때는 이름 앞에 「予約した」를 넣으면 됩니다. '예약하다'는 「予約する」이고 「予約した」는 '예약했다'라는 뜻입니다. 명사 앞에서 '예약한'이라는 의미로도 쓰여요.

(예) 予約したパク・ミンヒですが。

예약한 박민희인데요.

(예) 1時に予約したキムです。

1시에 예약한 김○○입니다. (예약한 식당에서)

챙기면 편리한 「変換プラグ」

우리나라는 220V 전압을 사용하지만, 일본은 100V 전압을 사용해요. 일본 현지에서 휴대폰이나 노트북을 충전하기 위해서는 일명 돼지코라고 불리는 110V 변환 어댑터를 챙겨가면 좋아요. 만약 미처 준비하지 못한 경우는 체크인할 때 프런트 직원에게 이렇게 물어보면 된답니다.

変換プラグはありますか。 어댑터 있어요?

어댑터는 「アダプター」라고도 하지만,
「変換プラグ(변환플러그)」라는 단어를 더 많이 쓴답니다.

시설 · 주변 정보 얻기　　　▶ mp3 05-05

이 부근에 맛있는 라멘 가게 있어요?

この<ruby>辺<rt>あた</rt></ruby>りにおいしいラーメン<ruby>屋<rt>や</rt></ruby>はありますか。

<ruby>塩<rt>しお</rt></ruby>ラーメンが<ruby>有名<rt>ゆうめい</rt></ruby>な<ruby>店<rt>みせ</rt></ruby>があります。

🦁 이 부근에 맛있는 라멘 가게 있어요?

👩 소금라멘이 유명한 가게가 있습니다.

＊ <ruby>辺<rt>あた</rt></ruby>り 부근, 주변
＊ 〜に 〜에
＊ おいしい 맛있는, 맛있다
＊ 〜<ruby>屋<rt>や</rt></ruby> 〜(을 취급하는) 가게
　　パン<ruby>屋<rt>や</rt></ruby> 빵집 <ruby>本屋<rt>ほんや</rt></ruby> 책방
＊ <ruby>有名<rt>ゆうめい</rt></ruby>な 유명한

실전 연습

세 번씩 따라 말해 보세요.

매점은 어디예요?

mp3 05-06

<ruby>売店<rt>ばい てん</rt></ruby>はどこですか。

교체하기

- <ruby>喫煙所<rt>きつえんじょ</rt></ruby> 흡연소
- コインランドリー 코인 빨래방
- <ruby>自動販売機<rt>じ どうはんばい き</rt></ruby> 자판기

✚ ~はどこですか ~은 어디입니까?

시설이 있는지 확인할 때는 「~は ありますか。(~은 있어요?)」를, 몇 층에 있는지 물어볼 때는 「何階<ruby><rt>な</rt></ruby>んがいにありますか。(몇 층에 있어 요?)」를 쓰면 된다.

自動販売機<ruby><rt>じどうはんばいき</rt></ruby>를 줄여서 自販機<ruby><rt>じはんき</rt></ruby>라고도 한다.

이 근처에 편의점은 있습니까?

mp3 05-07 1 2 3

この<ruby>近<rt>ちか</rt></ruby>くにコンビニはありますか。

교체하기

- スーパー 슈퍼마켓, 마트
- ドラッグストア 드럭스토어
- 100<ruby>円<rt>えん</rt></ruby>ショップ 100엔샵

近<ruby><rt>ちか</rt></ruby>く 가까운 곳, 근처

✚ この近<ruby><rt>ちか</rt></ruby>くに~はありますか 이 근처에 ~은 있습니까?

숙소나 현재 위치에서 주변 정보를 얻고 싶을 때 쓸 수 있는 표현으로 「近<ruby><rt>ちか</rt></ruby>く」대신 「辺<ruby><rt>あた</rt></ruby>り」나 「辺<ruby><rt>へん</rt></ruby>」 을 넣어 말해도 된다.

이 주변에 추천할 만한 카레 가게 있어요?

mp3 05-08 1 2 3

この<ruby>辺<rt>へん</rt></ruby>におすすめの<ruby>カレー屋<rt>や</rt></ruby>はありますか。

교체하기

- <ruby>回転<rt>かいてん</rt></ruby>ずし 회전초밥
- お<ruby>寿司屋<rt>す し や</rt></ruby> 초밥집
- ファミリーレストラン 패밀리 레스토랑

辺<ruby><rt>へん</rt></ruby>(=辺<ruby><rt>あた</rt></ruby>り) 부근, 주변
おすすめ 추천, 권유

✚ おすすめの+~ 추천할 만한 ~

가볼 만한 주변 관광지를 추천받고 싶을 때는 おすすめの観光<ruby><rt>かんこう</rt></ruby>ス ポット(추천 관광명소)를 넣어 물어 보자.

01 다음 단어에 해당하는 뜻을 오른쪽 보기에서 찾아 연결해 보세요.

① スーパー •

② ドラックストア •

③ ファミリーレストラン •

• ⓐ 슈퍼마켓

• ⓑ 코인빨래방

• ⓒ 패밀리 레스토랑

• ⓓ 드럭스토어

02 다음 빈칸에 알맞은 단어를 써서 문장을 완성하세요.

보기   近くに   どこ   有名な   おすすめ

① 自販機は [   ] ですか。 자판기는 어디예요?

② [   ] の回転ずしはありますか。

추천할 만한 회전초밥이 근처에 있어요?

③ カレーが [   ] 店があります。 카레가 유명한 가게가 있어요.

03 다음 문장을 일본어로 말해 보세요.

☐ 코인빨래방은 어디예요?

☐ 이 근처에 드럭스토어는 있어요?

☐ 이 부근에 맛있는 라멘 가게 있어요?

일본어로
술~술~
나올 때까지
연습 또 연습!

84

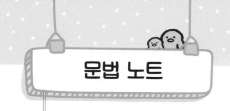

문법 노트

～い＋명사 い형용사의 명사 수식

일본어의 형용사는 두 종류가 있어요. 그중 하나인 「い형용사」는 앞서 나온 「おいしい(맛있다)」를 비롯해 「いい(좋다)」, 「すごい(대단하다)」, 「大きい(크다)」와 같이 기본형이 「い」로 끝나요. 명사를 꾸밀 때도 「～い＋명사」의 꼴로 기본형이 그대로 쓰입니다.

예 いいお天気ですね。
　　좋은 날씨네요.(날씨가 좋네요).

예 コーヒーのおいしい店はありますか。
　　커피가 맛있는 가게 있어요?

い형용사의 짝꿍 な형용사

일본어의 형용사에는 「な형용사」도 있어요. 「有名だ(유명하다)」, 「静かだ(조용하다)」, 「好きだ(좋아하다)」, 「ハンサムだ(잘생기다)」 등으로 「な형용사」는 기본형이 「～だ」로 끝나요. 명사를 꾸밀 때는 「～な＋명사」의 꼴로 쓰입니다. 그래서 「な형용사」라고 부릅니다.

京都の有名な食べ物は何ですか。 교토의 유명한 음식은 뭐예요?
好きな季節はいつですか。 좋아하는 계절은 언제예요?

 문제 해결 ▶ mp3 05-09

화장실 전기가 켜지지 않는데요.

トイレの電気^{でんき}がつかないんですが。

申^{もう}し訳^{わけ}ございません。部屋番号^{へやばんごう}をお願^{ねが}いします。

203号室^{にまるさんごうしつ}です。

 화장실 전기가 켜지지 않는데요.

죄송합니다. 방 번호를 알려주세요.

203호실입니다.

* 電気^{でんき}がつく 전기가 켜지다
* 申^{もう}し訳^{わけ}ございません 죄송 합니다(すみません보다 공손한 표현)
* 部屋番号^{へやばんごう} 방 번호
* 〜号室^{ごうしつ} 〜호실

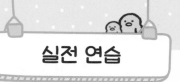

실전 연습

세 번씩 따라 말해 보세요.

프런트입니다.

▶ mp3 05-10

フロントでございます。

대답하기

さんまるよんごうしつ
３０４号室ですが。 304호실인데요.

ご まるななごうしつ
５０７号室なんですが。 507호실인데요.

➕ 명사+でございます ~입니다(で
す보다 공손한 표현)
방 번호+号室^{ごうしつ}なんですが
~호실인데요(なん을 넣어주면 부
드러운 느낌을 준다)

수건이 없는데요.

▶ mp3 05-11 1 2 3

タオルがないんですが。

교체하기

石^{せっ}けん 비누

ハンガー 옷걸이

トイレットペーパー (두루마리) 화장지

➕ 「~んですが。(~인데요.)」는 뭔가를
완곡하게 설명할 때 많이 쓴다.

ない (사물이) 없다

물품+がないんですが ~이 없는
데요

샤워기에서 온수가 나오지 않는데요.

▶ mp3 05-12 1 2 3

シャワーのお湯^ゆが出^でないんですが。

교체하기

せんめんじょ みず
洗面所の水 세면대 물

テレビの音^{おと} 텔레비전 소리

じ はん き
自販機のおつり 자판기 잔돈

➕ ~が出^でないんですが ~가 나오
지 않는데요

お湯^ゆ 뜨거운 물
出^でる 나오다

확인 문제

01 다음 단어를 보고 오른쪽 보기에서 뜻을 찾아 연결해 보세요.

① タオル •

② 石^{せっ}けん •

③ テレビ •

• ⓐ 텔레비전

• ⓑ 옷걸이

• ⓒ 비누

• ⓓ 수건

02 다음 빈칸에 알맞은 단어를 써서 문장을 완성하세요.

보기   ない   出^でない   つかない   号室^{ごうしつ}

① トイレの電気^{でんき}が ☐ んですが。 화장실 불이 켜지지 않는데요.

② トイレットペーパーが ☐ んですが。 화장지가 없는데요.

③ テレビの音^{おと}が ☐ んですが。 텔레비전 소리가 나오지 않는데요.

03 우리말 문장을 보고 일본어로 바로 말해 보세요.

☐ 304호실인데요.

☐ 수건이 없는데요.

☐ 온수가 나오지 않는데요.

일본어로
술~술~
나올 때까지
연습 또 연습!

～が～ないんですが。 ～가 ～(하)지 않는데요.

「～ない」는 동사에 접속해 '～(하)지 않다'라는 뜻으로 쓰여요. 「電気がつく(전기가 켜지다) → つかない(켜지지 않다), Wi-Fiがつながる(Wi-Fi가 연결되다) → つながらない(연결되지 않다)」와 같이 머무는 방의 현재 문제 상황을 표현할 수 있어요. 이때 「～んですが(～는데요)」를 연결해 상황을 프런트에 전달하면 됩니다.

예 テレビがつかないんですが。

　　텔레비전이 켜지지 않는데요.

예 インターネットがつながらないんですが。

　　인터넷이 연결되지 않는데요.

컨디션이 나빠요~「調子がわるい」

몸 상태가 좋지 않음을 말할 때 흔히 '컨디션이 나쁘다'라고 하죠. 이럴 때 일본어로는 「調子がわるい」라고 말해요. 「調子」는 '상태'라는 뜻으로 사용의 폭이 넓어서 신체뿐 아니라 기계의 상태를 나타낼 때 쓰이기도 합니다. 만약 머물고 있는 방에 에어컨이나 텔레비전 등의 작동에 문제가 있다면 調子를 써서 다양한 상황을 쉽게 표현할 수 있어요.

エアコンの調子がわるい。 에어컨이 시원찮다.
テレビの調子がわるい。 TV가 좀 이상하다.

 체크아웃

▶ mp3 05-13

신용카드는 사용할 수 있어요?

クレジットカードは使^{つか}えますか。

はい、お支払^{しはら}い回数^{かいすう}は何回^{なんかい}にいたしますか。

3回払^{さんかいばら}いでお願^{ねが}いします。

🦁 신용카드는 사용할 수 있어요?

🧑 네, 지불 횟수는 몇 개월로 할까요?

🦁 3개월로 해주세요.

* 使^{つか}える 사용할 수 있다
* (お)支払^{しはら}い 지불
* 何回^{なんかい} 몇 회, 몇 번
* いたす 하다(する의 공손한 표현)
* 3回払^{さんかいばら}い 3개월 할부

실전 연습

세 번씩 따라 말해 보세요.

현금으로 할게요.

▶ mp3 05-14 ✔ 2 3

げんきん　ねが
現金でお願いします。

교체하기

にっかつばら
カード (신용)카드

いっかつばら
一括払い 일시불(줄여서 一括)

さんかいばら
3回払い 3개월 할부

〜でお願ねがいします 〜로 부탁해요
一括いっかつ**払**ばらい 일괄지불, 일시불

➕ 숙박비나 음식값, 물건값을 계산할
때 지불 방법을 이렇게 말하면 된다.

계산에 착오가 있는 것 같은데요.

▶ mp3 05-15 1 2 3

けいさん　まちが
計算に**間違**いがあるようなんですが。

교체하기

けいさん　まちが
計算が**間違**っているようなんですが。
계산이 틀린 것 같은데요.

➕ 〜ようなんですが 〜인 것 같은데요
계산이 잘못된 것 같을 때 이렇게
말하면 되는데 이때 「〜ようなんで
すが」는 추측을 완곡하게 표현할 때
많이 쓰인다.

間違まちが**い** 틀림
間違まちが**っている** 잘못되어 있다
計算けいさん 계산

이걸 좀 맡아 주실래요?

▶ mp3 05-16 1 2 3

あず
これを**預**かっていただけますか。

교체하기

にもつ
この荷物 이 짐

このコート 이 코트

このトランク 이 트렁크

➕ 〜を預あずかっていただけますか
〜을 맡아 주실래요?
預あずかる 맡다, 보관하다

체크아웃 후에 짐을 맡아 줄 수 있
는지 물어 볼 때 쓸 수 있는 표현.
이때 「〜ていただけますか」는 직
역하면 '(제가)〜해 받을 수 있을까
요?'라는 뜻으로, 상대에게 뭔가를
정중하게 부탁할 때 많이 쓰인다.

확인 문제

01 다음 단어를 보고 오른쪽 보기에서 뜻을 찾아 연결해 보세요.

① 計算(けいさん) •

② 現金(げんきん) •

③ 支払(しはら)い •

• ⓐ 지불

• ⓑ 계산

• ⓒ 현금

• ⓓ 짐

02 다음 빈칸에 알맞은 단어를 써서 문장을 완성하세요.

보기   一括(いっかつ)   間違(まちが)って   預(あず)かって   現金(げんきん)

① 計算(けいさん)が [　　　　] いるようなんですが。　계산이 틀린 것 같은데요.

② これを [　　　　] いただけますか。　이걸 좀 맡아 주실래요?

③ [　　　　] 払(ばら)いで願(ねが)いします。　일시불로 할게요.

03 우리말 문장을 보고 일본어로 바로 말해 보세요.

☐ 신용카드는 사용할 수 있어요?

☐ 3개월 할부로 해주세요.

☐ 이 짐을 좀 맡아 주실래요?

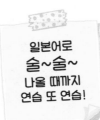

일본어로
술~술~
나올 때까지
연습 또 연습!

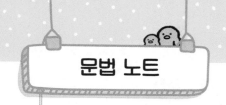
～は使_{つか}えますか。 ～는 사용할 수 있나요?

신용카드나 인터넷 등을 사용할 수 있는지 알고 싶을 때 이 표현을 쓸 수 있어요.
「使えますか」는 「使う(사용하다) → 使える(사용할 수 있다) → 使えます(사용할
수 있습니다)」에 의문을 나타내는 「か」가 붙은 표현이에요.

예 このクレジットカードは使えますか。

이 신용카드는 사용할 수 있어요?

예 部屋でインターネットは使えますか。

방에서 인터넷은 사용할 수 있어요?

여행 TIP

숙박세와 입욕세

일본에서 숙박시설을 이용할 때 숙박요금과는 별도로 숙박세(宿泊
税) 또는 입욕세(入湯税)를 내야 하는 경우가 있어요. 숙박세는 1인
1박 숙박요금을 기준으로 현재 도쿄는 100엔～200엔, 오사카는
100엔～300엔, 교토는 200엔～1000엔 정도가 부가되고 있으며,
숙박세를 도입하는 지역이 늘어나는 추세입니다. 그 외 온천 시설
을 갖춘 호텔 및 료칸(旅館)에 머무는 경우 입욕세(入湯税), 직역하면 입탕세를 따로 내야 하는
데 대부분 1인 1박 150엔 정도입니다.

이치란라멘 너무 좋아!

자판기가 있어서 정말 다행이야!

일본에 오면 스시도
꼭 먹어 봐야 해 >_<

길거리 음식도 정말 다양해!

타꼬야끼는 사랑입니다♥

PART 06

식당1

01 안내 받기

02 주문

03 문제 해결

04 계산

세 사람이에요.

mp3 06-01

いらっしゃいませ。何名様^{なんめいさま}ですか。

3人^{さんにん}です。

3名様^{さんめいさま}ですね。ご案内^{あんない}いたします。

어서 오세요. 몇 분이신가요?

세 사람이에요.

세 분이시군요. 안내해 드리겠습니다.

* いらっしゃいませ 어서 오십시오
* 何名様^{なんめいさま} 몇 분
* ～名様^{めいさま} ～분
* ～ですね ～군요(확인), ～네요(동의)
* ご案内^{あんない}いたします 안내해드리겠습니다

세 번씩 따라 말해 보세요.

흡연석과 금연석이 있습니다만, 어느 쪽이 좋으세요? mp3 06-02 ✔ 2 3

喫煙席と禁煙席がございますが、どちらが
よろしいですか。
きつえんせき　きんえんせき

교체하기
テーブル席と座敷 테이블석과 좌식
せき　ざしき

~がございますが ~이 있습니다만
(공손한 표현)

どちらがよろしいですか (둘 중)
어느 쪽이 좋으세요?

➕ 식당에서 안내를 받을 때 많이 듣게 되는 문장으로 「ございます」는 「あります(있습니다)」보다, 「よろしい」는 「いい(좋다)」보다 격식을 차린 공손한 표현.

금연석으로 부탁해요. mp3 06-03 1 2 3

禁煙席でお願いします。
きんえんせき　　ねが

교체하기
喫煙席で 흡연석으로
きつえんせき

テーブル席で 테이블석으로
せき

座敷で 좌식으로
ざしき

➕ 자신이 희망하는 자리를 말할 때는 희망하는 자리 뒤에 「~でおねがいします」를 붙이면 된다.

카운터라도 괜찮으시겠어요? mp3 06-04 1 2 3

カウンターでもよろしいですか。

대답하기
カウンターでも大丈夫です。
だいじょうぶ
카운터라도 괜찮습니다.

カウンターでもかまいません。
카운터라도 상관없습니다.

~でもよろしいですか ~라도 괜찮으시겠어요?

大丈夫です 괜찮습니다
だいじょうぶ
かまいません 상관없습니다

➕ 満席(만석)인 경우 합석해도 괜찮은지 물어올 수도 있으니 「相席(합석)」라는 단어도 알아두자.
まんせき
あいせき

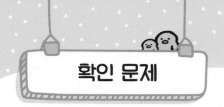

확인 문제

01 다음 단어를 보고 오른쪽 보기에서 뜻을 찾아 연결해 보세요.

① <ruby>喫煙席<rt>きつえんせき</rt></ruby>　・

② <ruby>禁煙席<rt>きんえんせき</rt></ruby>　・

③ テーブル<ruby>席<rt>せき</rt></ruby>　・

　　　　　・　ⓐ 테이블석

　　　　　・　ⓑ 좌식

　　　　　・　ⓒ 금연석

　　　　　・　ⓓ 흡연석

02 다음 빈칸에 알맞은 단어를 써서 문장을 완성하세요.

> 보기　テーブル<ruby>席<rt>せき</rt></ruby>　　<ruby>座敷<rt>ざしき</rt></ruby>　　カウンター　　<ruby>喫煙席<rt>きつえんせき</rt></ruby>

① [　　　　] でお願いします。　테이블석으로 부탁해요.

② [　　　　] でも大丈夫です。　카운터라도 괜찮습니다.

③ [　　　　] でもかまいません。　좌식이라도 상관없어요.

03 우리말 문장을 보고 일본어로 바로 말해 보세요.

☐　세 사람이에요.

☐　금연석으로 부탁해요.

☐　안내해 드리겠습니다.

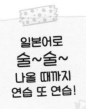

일본어로
술~술~
나올 때까지
연습 또 연습!

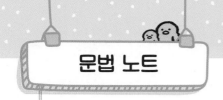

문법 노트

～人です。　～명입니다.

사람 수를 셀 때 「～人」 또는 「～名」를 사용해요. 일상에서는 「～人」을 많이 쓰고 「～名」는 다소 격식을 차린 상황에서 쓰여요. 식당에서 직원이 일행이 몇 사람인지 물어오면 아래처럼 「～人」을 써서 사람 수를 말하면 됩니다. 이때 「1人, 2人, 4人」은 읽는 법에 주의하세요.

예 사람 수 세기

1人 ひとり	2人 ふたり	3人 さんにん	4人 よにん	5人 ごにん
6人 ろくにん	7人 しち(なな)にん	8人 はちにん	9人 きゅう(く)にん	10人 じゅうにん

비흡연자는 「吸いません」

흡연에 대한 규제가 엄격한 한국과 달리 일본은 흡연이 허용되는 식당이 많아요. 흡연석과 금연 석을 운영하는 곳에서는 자리 안내를 받을 때 직원이 어느 쪽을 원하는지 물어보는 대신에 「お たばこはお吸いになりますか。(담배 피우세요?)」라고 물어보기도 합니다. '담배를 피우다'는 일본어로 「たばこを吸う」라고 하니 답할 때는 「吸う」라는 동사를 써서 담배를 피우면 「吸いま す。(피웁니다.)」, 피우지 않으면 「吸いません。(피우지 않습니다.)」이라고 말하면 됩니다.

 주문

▶ mp3 06-05

오늘의 정식 A세트 하나 주세요.

ご<ruby>注文<rt>ちゅうもん</rt></ruby>はお<ruby>決<rt>き</rt></ruby>まりですか。

<ruby>日替<rt>ひ が</rt></ruby>わり<ruby>定食<rt>ていしょく</rt></ruby>のAセットをひとつお<ruby>願<rt>ねが</rt></ruby>いします。

🧑 주문하시겠어요?

🦁 오늘의 정식 A세트 하나 주세요.

＊ (ご)<ruby>注文<rt>ちゅうもん</rt></ruby> 주문

＊ お<ruby>決<rt>き</rt></ruby>まりですか 정하셨어요?

＊ <ruby>日替<rt>ひ が</rt></ruby>わり<ruby>定食<rt>ていしょく</rt></ruby> 오늘의 정식

＊ <ruby>日替<rt>ひ が</rt></ruby>わり 매일 바뀜

실전 연습

세 번씩 따라 말해 보세요.

오늘의 메뉴는 뭐예요?

▶ mp3 06-06 ✔ 2 3

日^ひ替わりメニューは何^{なん}ですか。

교체하기

- 人気^{にんき}メニュー 인기 메뉴
- (今日^{きょう}の)おすすめ (오늘의) 추천 메뉴
- おすすめのデザート 추천 디저트

〜は何^{なん}ですか 〜는 뭐예요?

➕ 요리를 추천 받고 싶을 때 쓰는 '추천 메뉴가 있어요?'라는 표현도 많이 쓰이니 함께 알아두자.

何^{なに}かおすすめはありますか。
뭔가 추천 메뉴가 있어요?

보통으로 주세요.

▶ mp3 06-07 1 2 3

普通^{ふつう}でお願^{ねが}いします。

교체하기

- 少^{すく}なめで (양을) 좀 적게
- かためで (면을) 꼬들꼬들하게
- ミディアムで (스테이크를) 미디엄으로

〜でお願^{ねが}いします 〜로 주세요

➕ 음식을 주문할 때 '밥 양(ご飯^{はん}の量^{りょう})'이나 '맵기(辛^{から}さ)', '고기 굽기 정도(焼^やき方^{かた})' 등을 말할 때는 「〜でお願^{ねが}いします」를 써서 말하면 된다.

여기에 땅콩이 들어 있어요?

▶ mp3 06-08 1 2 3

これにピーナッツが入^{はい}っていますか。

교체하기

- たまご 계란
- エビ 새우
- そば粉^こ 메밀가루

〜が入^{はい}っていますか 〜이(가) 들어 있어요?

➕ 「入^{はい}っていますか」는 「入^{はい}る(들어가다) → 入っている(들어가 있다) → 入っています(들어가 있습니다)」에 의문 조사 「か」가 붙은 표현.

확인 문제

01 다음 단어를 보고 오른쪽 보기에서 뜻을 찾아 연결해 보세요.

① メニュー　・

② ミディアム　・

③ デザート　・

・ⓐ 디저트

・ⓑ 미디엄

・ⓒ 음료

・ⓓ 메뉴

02 다음 빈칸에 알맞은 단어를 써서 문장을 완성하세요.

> 보기　日替わり　おすすめ　少なめで　たまご

① [　　　] が入っていますか。 계란이 들어 있어요?

② [　　　] メニューは何ですか。 오늘의 메뉴는 뭐예요?

③ [　　　] お願いします。 (양을) 좀 적게 주세요.

03 우리말 문장을 보고 일본어로 바로 말해 보세요.

☐ 인기 메뉴가 뭐예요?

☐ 오늘의 정식 하나 주세요.

☐ 새우가 들어 있어요?

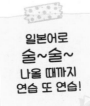
일본어로
술~술~
나올 때까지
연습 또 연습!

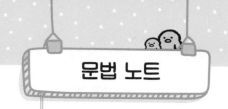

문법 노트

메뉴を + 개수 + おねがいします。   ～을 …주세요.

식당에서 음식을 주문할 때 원하는 메뉴와 개수를 말하는 표현으로 두 종류 이상을 주문할 때는 「～と(～와)」를 사용하면 됩니다. 「おねがいします(부탁합니다)」 대신에 「ください(주세요)」라고 말해도 상관없지만 「おねがいします」가 「ください」보다 더 정중한 느낌을 줍니다.

(예) 天ぷらそばをみっつおねがいします。

튀김 메밀국수를 세 개 주세요.

(예) これをひとつと、これをふたつおねがいします。

(메뉴를 가리키면서) 이것을 하나와 이것을 둘 주세요.

음료를 주문할 때

일본은 식당에서 음식을 주문할 때 「お飲み物はいかがですか。(음료는 어떠십니까?)」와 같이 직원이 음료를 시킬 건지 묻는 경우가 많습니다. 이때 음료를 주문하고 싶지 않다면 「飲み物はけっこうです。(음료는 됐어요.)」라고 말하면 됩니다.

그 외에 「お水でけっこうです。(물이면 돼요.)」 또는 「お水をください。(물을 주세요.)」도 같이 알아두면 유용합니다. 한편 음료를 주문하고 싶다면 「ウーロン茶にします。(우롱차로 할게요.)」와 같이 원하는 음료 뒤에 「～にします(～로 할게요)」를 연결해 요청하면 됩니다.

문제 해결

▶ mp3 06-09

고등어 소금구이를 시켰는데요.

サバの味噌煮定食のお客さま。

えっ、サバの塩焼きを頼んだんですが。

고등어 된장 졸임 정식 시키신 손님.

어머, 고등어 소금구이를 시켰는데요.

＊ サバの味噌煮みそに 고등어 된장 졸임
　サバ의 한자표기는 鯖

＊ えっ (놀람, 의아함) 어, 뭐

＊ 塩焼しおやき 소금구이

＊ 頼たのむ 주문하다, 부탁하다

104

실전 연습

세 번씩 따라 말해 보세요.

디저트가 아직 나오지 않는데요. ▶ mp3 06-10 ✔ 2 3

デザートがまだ来ないんですが。

교체하기
- 飲み物 음료
- 注文したもの 주문한 것
- さっき頼んだもの 아까 시킨 것

~がまだ来ないんですが ~이 아직 오지 않는데요.

➕ 주문한 음식이 기다려도 오지 않을 때 이 표현을 써서 말하면 된다.

저기요, 새 젓가락 좀 줄 수 있나요? ▶ mp3 06-11 1 2 3

すみません、新しいお箸もらえますか。

교체하기
- 新しい皿 새 접시
- 取り皿 앞접시
- スプーンとフォーク 숟가락과 포크

新しい 새롭다

➕ 명사＋もらえますか ~줄래요?
직역하면 '(제가)~받아도 될까요?' 라는 뜻이지만 원하는 걸 줄 수 있는지 묻는 표현으로 이때 「いただけますか」를 쓰면 더 정중한 표현이 된다.

이걸 1,000엔짜리 지폐로 바꿔 줄 수 있나요? ▶ mp3 06-12 1 2 3

これを千円札に替えてもらえますか。

교체하기
- 百円玉に替えて 100엔짜리 동전으로 바꿔
- 両替して(＝くずして) 잔돈으로 바꿔

替える 바꾸다, 교환하다
両替する 환전하다, 잔돈으로 바꾸다
くずす 무너뜨리다, 잔돈으로 바꾸다

➕ 동사＋てもらえますか ~해 줄래요?
「~ていただけますか」를 쓰면 더 정중한 요청이 된다.

01 다음 단어를 보고 오른쪽 보기에서 뜻을 찾아 연결해 보세요.

① 頼_{たの}む •

② 来_くる •

③ 新_{あたら}しい •

    • ⓐ 주문하다

    • ⓑ 새롭다

    • ⓒ 가다

    • ⓓ 오다

02 다음 빈칸에 알맞은 단어를 써서 문장을 완성하세요.

> 보기   頼_{たの}んだ   くずして   来_こない   取_とり皿_{ざら}

① [　　　　] もらえますか。 앞접시 좀 줄 수 있나요?

② 飲_のみ物_{もの}がまだ [　　　　] んですが。 음료수가 아직 오지 않는데요.

③ これを [　　　　] もらえますか。 이걸 잔돈으로 바꿔 줄 수 있나요?

03 우리말 문장을 보고 일본어로 바로 말해 보세요.

☐ 새 젓가락 좀 줄 수 있나요?

☐ 이걸 1000엔짜리 지폐로 바꿔 줄 수 있나요?

☐ 디저트가 아직 나오지 않는데요.

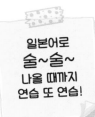

일본어로
술~술~
나올 때까지
연습 또 연습!

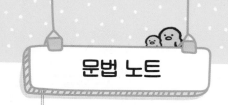

~を頼んだんですが。 ~을 시켰는데요.

주문한 것과 다른 음식이 나왔을 때 쓸 수 있는 표현으로 「~を注文したんですが」
라고 말할 수도 있어요. 「頼む」는 '부탁하다'라는 뜻의 동사로, 「注文する」와 함께
'주문하다'라는 의미로도 많이 쓰여요. 「頼んだ」는 「頼む」의 반말 과거표현입니다.

⑩ アイスコーヒーを頼んだんですが。

아이스 커피를 시켰는데요.

⑩ きつねうどんを頼んだんですが。

유부우동을 시켰는데요.

죄송합니다 申し訳ございません

일상회화에서 사과를 할 때 가장 많이 쓰이는 표현은 「すみません」이지만, 비즈니스 관계에서
경어를 사용해야 하는 상대에게는 「申し訳ございません(죄송합니다)」을 써야 합니다. 직역하
면 '드릴 말씀이 없습니다'라는 뜻으로 매우 공손한 사과표현입니다. 식당이나 숙소 등에서 손
님으로서 직원에게 어떤 불편 사항을 말했을 때 직원으로부터 많이 듣게 될 겁니다.

 계산

 mp3 06-13

잘 먹었습니다. 맛있었어요.

1000円、お預かりします。

220円のおつりとレシートです。

ごちそうさまでした。
おいしかったです。

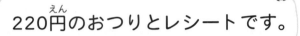

1000엔 받았습니다.

220엔 거스름돈과 영수증입니다.

잘 먹었습니다. 맛있었어요.

＊ 預^{あず}かる 맡다, 보관하다
＊ おつり 거스름돈, 잔돈
＊ レシート 영수증
＊ おいしい 맛있다

실전 연습

세 번씩 따라 말해 보세요.

계산 부탁해요.

 mp3 06-14 ☑ 2 3

お会計をお願いします。

교체하기

- お勘定 계산
- 伝票 전표, 계산서

~をお願いします ~을 부탁합니다

식사를 마치고 음식값을 계산할 때 計算けいさん이라고 하지 않고, お会計かいけい를 많이 쓴다.

チェックしてください。 계산해 주세요.(영어의 check를 써서 말하기도 함)

계산은 같이 해드려도 괜찮을까요?

 mp3 06-15 1 2 3

お会計はご一緒でよろしいですか。

대답하기

- はい、一緒でお願いします。
  네, 같이 낼게요.
- いいえ、別々でお願いします。
  아뇨, 따로따로 낼게요.

ご一緒いっしょでよろしいですか
같이 해드려도 괜찮을까요?
(『よろしい』는 『いい』의 격식을 차린 표현)

一緒いっしょで 같이
別々べつべつで 따로

신용카드는 사용할 수 있어요?

 mp3 06-16 1 2 3

クレジットカードは使えますか。

교체하기

- カードでもいいですか。 카드도 괜찮아요?
- カード払いもできますか。 카드 지불도 가능해요?

~は使つかえますか ~은 사용할 수 있어요?

일본은 현금 결제만 가능한 음식점이나 상점이 많으니, 우선 카드 결제가 가능한지를 물어볼 때 이 표현들을 쓰면 된다.

01 다음 단어를 보고 오른쪽 보기에서 뜻을 찾아 연결해 보세요.

① おつり ·

② レシート ·

③ お会計 ·
_{かいけい}

· ⓐ 계산

· ⓑ 신용카드

· ⓒ 영수증

· ⓓ 거스름돈

02 다음 빈칸에 알맞은 단어를 써서 문장을 완성하세요.

보기 　別々で　　ごちそうさま　　使えます　　レシート
　　　_{べつべつ}　　　　　　　　　　　_{つか}

① カードは ＿＿＿＿＿ か。 카드는 사용할 수 있어요?

② お会計は ＿＿＿＿＿ お願いします。 계산은 따로따로 할게요.
　_{かいけい}　　　　　　　　　_{ねが}

③ ＿＿＿＿＿ でした。 잘 먹었습니다.

03 우리말 문장을 보고 일본어로 바로 말해 보세요.

☐ 계산 부탁해요.

☐ 카드도 괜찮아요?

☐ 맛있었습니다.

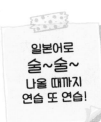
일본어로
술~술~
나올 때까지
연습 또 연습!

〜かったです。 ~(었)습니다.

'맛있다'는 뜻의 「おいしい」는 い형용사로 과거형 '맛있었다'는 「おいしかった」, 과거 정중형 '맛있었습니다'는 「おいしかったです」라고 말해요. 이처럼 い형용사는 어미 「い」를 「かった」로 바꾸면 과거형이 되며, 정중하게 표현할 때는 「かった」에 「です」를 붙이면 됩니다.

⑩ 旅行は楽しかったです。

　여행은 즐거웠습니다.

⑩ とても寒かったです。

　정말 추웠습니다.

「レシート」

식당이나 상점, 편의점 등에서 계산한 후에 받는 영수증을 「レシート(레시-또)」라고 해요. 영수증을 한국에서는 직원에게 버려달라고 요청하기도 하지만, 일본에서는 손님이 직접 버려야 합니다. 계산대 주변에 「不要レシート入れ(불필요한 영수증 넣는 곳)」, 「不要なレシートはこちらにお入れください(불필요한 영수증은 여기에 넣어주십시오)」라고 적힌 통이 마련돼 있는 곳이 많으니 그곳에 버리면 되고, 점원이 「レシートは要りますか(영수증 필요하세요?)」라고 묻기도 하는데 영수증이 필요하면 「はい(네)」, 필요 없으면 「いいえ(아니오)」라고 간단하게 대답하면 됩니다.

일본 패스트푸드는 어떤 맛일까?

도쿄는 밤이 되어도 불야성이야!

후식으로는 역시 따뜻한 커피지!

정감 가는 골목 식당

PART 07

식당 II

 　　　　　▶ mp3 07-01

하나는 양파를 빼고 주세요.

ご注文をおうかがいします。

チーズバーガーセットを
ふたつください。

ひとつは玉ねぎを抜いてください。

 주문 도와드리겠습니다.

🦁 치즈 버거 세트를 두 개 주세요.

　　하나는 양파를 빼고 주세요.

* うかがう 여쭙다
* チーズバーガー 치즈 버거
* セット 세트
* 玉たまねぎ 양파
* 抜ぬく 빼다, 뽑다

세 번씩 따라 말해 보세요.

샐러드로 주세요. ▶ mp3 07-02 ✔ 2 3

サラダでお願^{ねが}いします。

〜でお願^{ねが}いします 〜로 (주세요)

➕ 「サイドメニュー(사이드 메뉴)」와 「ド
リンク(음료)」를 선택할 때 써보자.

교체하기

ポテトのLサイズで　감자 L사이즈로

コーラで　콜라로

スプライトを氷^{こおり}なしで　사이다를 얼음 빼고

양파 빼고 주세요. ▶ mp3 07-03 1 2 3

玉^{たま}ねぎ抜^ぬきでお願^{ねが}いします。

〜抜^ぬきでお願^{ねが}いします
〜빼고 주세요

➕ 주문할 때 어떤 재료를 빼고 싶을 때
이 표현을 쓰면 된다. 이때 「抜^ぬき」는
「抜^ぬく(빼다)」의 명사형으로 '뺌'이라
는 뜻이다.

교체하기

レタス　양상추

トマト　토마토

ピクルスと玉^{たま}ねぎ　피클과 양파

가게 안에서 드십니까? ▶ mp3 07-04 1 2 3

店内^{てんない}でお召^めし上^あがりですか。

店内^{てんない} 가게 안

〜でお召^めし上^あがりですか 〜에서
드십니까? (격식 차린 표현)

➕ 持^もち帰^{かえ}り(＝テイクアウト) 식당
등에서 음식·음료를 포장해서 가는
것

대답하기

はい。店内^{てんない}で。　네. 가게 안에서요.

いいえ、持^もち帰^{かえ}りでおねがいします。
아뇨, 가지고 갈게요.

テイクアウトでおねがいします。
테이크아웃으로 할게요.

01 다음 단어를 보고 오른쪽 보기에서 뜻을 찾아 연결해 보세요.

① トマト　　　·

② ピクルス　　·

③ レタス　　　·

· ⓐ 고구마

· ⓑ 양상추

· ⓒ 토마토

· ⓓ 피클

02 다음 빈칸에 알맞은 단어를 써서 문장을 완성하세요.

> 보기　　持ち帰り　　召し上がり　　抜いて　　注文

① 玉ねぎは ☐☐☐☐☐ ください。　양파는 빼고 주세요.

② 店内でお ☐☐☐☐☐ ですか。　가게 안에서 드십니까?

③ ☐☐☐☐☐ でお願いします。　가지고 갈게요.

03 우리말 문장을 보고 일본어로 바로 말해 보세요.

☐ 치즈 버거 세트를 두 개 주세요.

☐ 하나는 피클을 빼고 주세요.

☐ 콜라 L사이즈로 주세요.

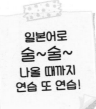

일본어로
술~술~
나올 때까지
연습 또 연습!

문법 노트

〜を抜いてください。　〜를 빼 주세요.

「〜てください」는 동사에 접속해 '〜해 주세요'라는 표현이에요. '빼 주세요'라고 말할 때는 '빼다'라는 뜻의 동사「抜く」의「く」를「い」로 바꾸고「てください」를 붙입니다. 어떤 재료를 빼달라고 말할 때「〜抜きでおねがいします」도 많이 쓰이니 함께 알아두세요.

예 パクチーを抜いてください。
고수를 빼고 주세요.

예 わさびを抜いてください。
고추냉이를 빼 주세요.

일본의 패스트푸드점

일본의 패스트푸드점에서는 세트 메뉴를 주문해도 케첩을 함께 주지 않습니다. 케첩은 요청했을 경우에만 제공되며 콜라 리필은 안되지만, 커피의 경우는 리필이 가능합니다(지역마다 다를 수 있음). 일부 패스트푸드점 경우에는 인터넷 사이트에서 할인쿠폰을 다운로드해가면 할인을 받을 수도 있습니다. 일본

패스트푸드점 중에서 고유 브랜드인 '모스버거'나 '프레시니스버거', '퍼스트키친', '수프스톡'은 브랜드마다 맛이 다르므로 한번 먹어보면서 비교해보는 것도 재미있습니다.

mp3 07-05

아이스가 아니라 따뜻한 걸 시켰는데요.

アイスじゃなくて、ホットを頼んだんですが。

申し訳ございません。すぐお取替えいたします。

아이스가 아니라 따뜻한 걸 시켰는데요.

죄송합니다. 바로 바꿔드리겠습니다.

＊ 〜じゃなくて 〜가 아니라

＊ 頼たのむ 주문하다, 부탁하다

＊ すぐ 바로, 금방

＊ 取替とりかえる 바꾸다, 교환하다

실전 연습

세 번씩 따라 말해 보세요.

S(스몰) 사이즈로 주세요.

mp3 07-06

Sサイズでおねがいします。

교체하기

- Mサイズ M(미들) 사이즈
- Lサイズ L(라지) 사이즈
- ショート 쇼트

➕ ～でお願_{ねが}いします ～로 (주세요)

음료 크기는 한국과 마찬가지로, 그 밖에도 「トール(톨)」, 「グランデ(그랑데)」 등으로 주문이 가능합니다.

휘핑크림을 많이 주실 수 있나요?

mp3 07-07

ホイップは多_{おお}めにしてもらえますか。

교체하기

- 少_{すく}なめ 조금만
- なし 없이
- 抜_ぬき 빼고

➕ ホイップ는 ホイップクリーム의 줄임 말로 휘핑크림

～にしてもらえますか ～로 해주실 수 있습니까?
多_{おお}め 많은 정도
多_{おお}めに 많이

「ホイップ」 자리에 「氷_{こおり}(얼음)」, 「生_{なま}クリーム(생크림)」를 넣어 말할 수도 있다.

따뜻한 것을 아이스로 변경할 수 있나요?

mp3 07-08

ホットをアイスに変更_{へんこう}できますか。

교체하기

- MサイズをLサイズに M(미들) 사이즈를 L(라지) 사이즈로
- ミルクを豆乳_{とうにゅう}に 우유를 두유로
- セットのコーヒーを紅茶_{こうちゃ}に 세트의 커피를 홍차로

➕ ～に変更_{へんこう}できますか ～로 바꿀 수 있습니까?
変更_{へんこう} 변경

➕ 그 밖의 표현으로는 「お代_かわりできますか(리필 가능한가요?)」, 「追加_{ついか}できますか(추가할 수 있나요?)」 등이 있습니다.

01 다음 단어를 보고 오른쪽 보기에서 뜻을 찾아 연결해 보세요.

① コーヒー　　•

② アイス　　•

③ 紅茶<ruby>こうちゃ</ruby>　　•

•　ⓐ 홍차

•　ⓑ 두유

•　ⓒ 커피

•　ⓓ 아이스

02 다음 빈칸에 알맞은 단어를 써서 문장을 완성하세요.

> 보기　変更<ruby>へんこう</ruby>　Sサイズ　多<ruby>おお</ruby>め　ぬき

① ホイップは 　　　　　　 にしてもらえますか。

　　휘핑크림을 많이 주실 수 있나요?

② ホットをアイスに 　　　　　　 できますか。

　　따뜻한 것을 아이스로 변경할 수 있나요?

③ 　　　　　　 でおねがいします。　S(스몰) 사이즈로 주세요.

03 우리말 문장을 보고 일본어로 바로 말해 보세요.

☐ 아이스가 아니라 따뜻한 걸 시켰는데요.

☐ 휘핑크림을 빼고 주실 수 있나요?

☐ L(라지) 사이즈로 주세요.

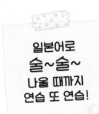

일본어로
술~술~
나올 때까지
연습 또 연습!

～じゃなくて、～を頼んだんですが。

～가 아니라, ～를 주문했는데요.

주문한 게 잘못 나온 경우에 사용하는 표현이에요. 「～じゃなくて～を頼んだんですが (～가 아니라 ～를 시켰는데요)」는 「～んですが」를 사용하여 완곡하게 말하면 됩니다.

(예) トールじゃなくて ショートを頼んだんですが。

　　 톨 사이즈가 아니라 쇼트를 시켰는데요.

(예) カフェラテじゃなくて カプチーノを頼んだんですが。

　　 카페라떼가 아니라 카푸치노를 시켰는데요.

일본의 차와 커피

차 문화가 발달한 나라 일본은 커피 수입과 함께 커피에 대한 연구도 활발하게 이루어져서 현재는 커피 대국이 되었어요. 고베에 'UCC 커피박물관'이 있을 정도로 커피 애호가들이 많답니다. 이러한 커피 시장의 발달과 더불어 카페와 디저트 산업도 함께 성장하여, 커피와 곁들일 수 있는 디저트 종류가 풍성해요. 또한 일본에는 전 세계 커피 체인점뿐만 아니라 현지의 브랜드 커피숍(도토루, 고메다 등)도 많아서 다양한 커피를 맛볼 수 있어요. 그 밖에 '나나즈그린티', '애프터눈티룸', '루피시아', 오차라카' 등에서는 말차나 홍차 등을 즐길 수도 있으니 한번 들러보세요.

 술집

▶ mp3 07-09

우선, 생맥주 셋 주세요.

ご^{ちゅうもん}注文、おうかがいします。

とりあえず、生^{なま}ビールをみっつください。
それと、ねぎまのタレを3本^{さんぼん}ください。

🐻 주문 도와드리겠습니다.

🦁 우선, 생맥주 셋 주세요.

그리고 네기마 양념꼬치를 3개 주세요.

* うかがう 여쭙다
* とりあえず 우선
* 生^{なま}ビール 생맥주
* それと 그것과
* ねぎま 닭고기와 파를 번갈
  아 끼운 꼬치구이
* タレ 양념 소스

세 번씩 따라 말해 보세요.

고구마 소주를 온더록으로 주세요.　▶ mp3 07-10　✔ 2 3

イモ焼酎（じょうちゅう）をロックでお願（ねが）いします。

🔹 ～割（わ）り ～을 타서 희석함

교체하기

- 水（みず）割（わ）りで　물에 타서
- お湯（ゆ）割（わ）りで　따듯한 물에 타서
- ソーダ割（わ）りで　탄산에 타서

'이자카야'에서는 술 종류뿐 아니라 마시는 법(飲（の）み方（かた）)도 다양하다. 예를 들어 일본 소주는 도수가 높아 스트레이트(ストレート)로 마시기보다 물이나 음료와 섞어 마시는 경우가 많다.

추천하는 로컬 맥주 있어요?　▶ mp3 07-11　1 2 3

おすすめの地（じ）ビールはありますか。

🔹 ～はありますか ～는 있어요?

飲（の）みやすい 마시기 쉬운, 마시기 편한

교체하기

- 飲（の）みやすいカクテル　가볍게 마시기 좋은 칵테일
- この料理（りょうり）に合（あ）う日本酒（にほんしゅ）　이 요리에 어울리는 일본술
- このお酒（さけ）に合（あ）うおつまみ　이 술에 어울리는 안주

～に合（あ）う ～에 맞는, ～에 어울리는

お酒（さけ） 술

여기요, 생맥주 500 하나 더 주세요.　▶ mp3 07-12　1 2 3

すみません、生中（なまちゅう）、もうひとつお願（ねが）いします。

🔹 ～もうひとつお願（ねが）いします
～하나 더 주세요.

교체하기

- びんビール、もう１本（いっぽん）　병맥주 한 병 더
- ハイボール、もう１杯（いっぱい）　하이볼 한 잔 더
- とりのから揚（あ）げ、もう１皿（ひとさら）　닭 튀김 한 접시 더

추가 주문을 하고 싶을 때 쓰면 된다. '하나 더'는 일본어로는 「もうひとつ(더 하나)」라고 하는 점에 유의한다.

01 다음 단어를 보고 오른쪽 보기에서 뜻을 찾아 연결해 보세요.

① 生ビール   •
    • ⓐ 일본술

    • ⓑ 생맥주

② カクテル   •
    • ⓒ 병맥주

③ 日本酒   •
    • ⓓ 칵테일

02 다음 빈칸에 알맞은 단어를 써서 문장을 완성하세요.

> 보기   ひとつ   1本   1杯   1皿

① ハイボールもう [   ] お願いします。 하이볼 한 잔 더 주세요.

② びんビールもう [   ] お願いします。 병맥주 한 병 더 주세요.

③ 生ビールもう [   ] ください。 생맥주 하나 더 주세요.

03 우리말 문장을 보고 일본어로 바로 말해 보세요.

☐ 우선 생맥주 셋 주세요.

☐ 고구마 소주를 물에 타서 주세요.

☐ 네기마 양념꼬치를 3개 주세요.

일본어로
술~술~
나올 때까지
연습 또 연습!

문법 노트

とりあえず〜ください。 우선 ~ 주세요.

일본 술집에 가면 「とりあえず、ビール(일단 맥주)」를 외치는 일본 사람들을 자주 목격하실 수 있을 거예요. 「とりあえず」는 '우선, 일단'이라는 말이고 「ください」는 '주세요'라는 뜻이니 다양한 명사를 「ください」 앞에 넣어서 사용해 보세요. 만약 동사를 넣고 싶으면 「〜て형」을 쓰면 돼요. 즉 「みてください(보세요), 食べてください(드세요)」와 같이 응용하면 됩니다.

예 とりあえず**全部**ください。
　　일단 전부 주세요.

예 とりあえず**お水**ください。
　　우선 물부터 주세요.

이자카야「居酒屋」

일본에서 간단하게 한잔 마실 때는 「居酒屋(이자카야)」를 권합니다. 서민들이 즐기는 곳이므로 저렴한 편이긴 하지만, 한국과 달리 「お通し(기본 안주)」가 유료입니다. 즉 일종의 자릿세로 가격은 300~500엔 정도예요. 만약 이보다 싸게 술을 즐기고 싶다면 「立ち飲み屋(서서 마시는 술집)」도 있어요. 여기는

기본 안주가 안 나오고 커다란 테이블에 둘러서서 모르는 사람과 함께 마시는 재미가 있습니다.
그 밖에 제한된 시간에 무제한으로 술을 마실 수 있는 곳도 있는데 간판에 「飲み放題」라고 쓰여
있어요. 그리고 만약 간판에 「食べ放題」라고 쓰여 있다면 뷔페라고 생각하면 됩니다.

편의점

mp3 07-13

데우지 않아도 괜찮아요.

お弁当は温めますか。

いいえ、温めなくても大丈夫です。

도시락은 데워드릴까요?

아니요, 데우지 않아도 괜찮아요.

* お弁当べんとう 도시락
* 温あたためる 데우다, 따뜻하게 하다
* 温あたためますか 데울까요?
* ~なくても ~하지 않아도
* 大丈夫だいじょうぶです 괜찮아요.
* 데워 달라고 할 때는 温あたためて ください라고 말하면 된다.

실전 연습

세 번씩 따라 말해 보세요.

봉투에 담아주세요.

 mp3 07-14 ✓ 2 3

袋に入れてください。

교체하기

紙袋に 종이봉투에

ビニール袋に 비닐봉투에

袋を分けて 봉투를 나눠서

入れてください 넣어주세요

紙袋かみぶくろ 종이봉투

ビニール袋ぶくろ 비닐봉투

젓가락을 드릴까요?

mp3 07-15 1 2 3

お箸をお付けしますか。

교체하기

ストローを 빨대를

(アイスクリームに)スプーンを (아이스크림에) 스푼을

お箸はいくつ 젓가락은 몇 개

お箸はし 젓가락

お付けしますか 드릴까요(정중한 표현)

ストロー 빨대

スプーン 스푼

스이카(교통카드)로 계산할게요.

 mp3 07-16 1 2 3

スイカでお願いします。

✚ スイカ・パスモ에 대한 설명은 4장 교통수단 팁 참조!

교체하기

パスモ 파스모(교통카드)

カード 카드

現金 현금

확인 문제

01 다음 단어를 보고 오른쪽 보기에서 뜻을 찾아 연결해 보세요.

① 現金(げんきん) ・   ・ ⓐ 현금

                        ・ ⓑ 빨대

② お弁当(べんとう) ・   ・ ⓒ 도시락

③ ストロー ・   ・ ⓓ 봉투

02 다음 빈칸에 알맞은 단어를 써서 문장을 완성하세요.

> 보기   お箸(はし)   お弁当(べんとう)   とりあえず   袋(ふくろ)

① ☐ は温(あたた)めますか。   도시락은 데워드릴까요?

② ☐ をお付(つ)けしますか。   젓가락을 드릴까요?

③ ☐ にいれてください。   봉투에 담아주세요.

03 우리말 문장을 보고 일본어로 바로 말해 보세요.

☐ 아니요, 데우지 않아도 괜찮아요.

☐ 젓가락은 몇 개 드릴까요?

☐ 현금으로 계산할게요.

일본어로
술~술~
나올 때까지
연습 또 연습!

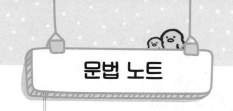

문법 노트

～なくてもだいじょうぶです。 ～하지 않아도 괜찮습니다.

'～하지 않아도 괜찮습니다'라는 표현으로 「～なくてもいいです」로도 말할 수 있습니다. 일본어에서 '데우다'라는 동사는 「あたためる」입니다. 이 동사에 「～なくても」를 붙여서 '데우지 않아도'라고 표현하고, 여기에 괜찮다는 표현인 「だいじょうぶです」를 연결하면 됩니다. 편의점에서 점원이 데워 먹기도 하는 상품을 가리키면서 「こちら、あたためますか。(이것을 데워드릴까요?)」라고도 물으니 이에 대한 대답으로 사용하세요.

㉠ これは買わなくてもいいです。

　　이것은 사지 않아도 괜찮습니다.

㉠ まだ時間ありますから、急がなくてもいいです。

　　아직 시간이 있으니까 서두르지 않아도 됩니다.

편의점 왕국 일본

일본에는 5만 개가 넘는 편의점이 있으니 가히 편의점 왕국이라고 불릴 만하죠. 세븐일레븐, 훼미리마트, 로손, 미니스톱이대표적인데, '한정 상품(기간 한정, 지역 한정)'이나 다른 브랜드와의 '콜라보네이션(협업)'으로 기획된 상품들이 많은 것이특징이에요. 그 밖에 티켓 예매, 복사, 무료 와이파이, 화장실등 다양한 서비스도 이용할 수 있어요. 다만 일본 편의점은

내부에서 음식을 먹을 수 없으니 숙소로 가져가거나 근처 공원이나 광장을 이용해야 하는 점을
주의하세요.

센소지 입구에서 찰칵!

시부야 스크램블스퀘어.

오사카 도톤보리의 야경.

도쿄 스카이트리 전경!

웅장한 오사카성!

관광 안내소

▶ mp3 08-01

지도를 찾고 있는데요.

あのう、地図を探しているんですが。

地図でしたら、こちらにございます。

Tourist Information Center

🐰 저어, 지도를 찾고 있는데요.

👩 지도라면 여기에 있습니다.

* 地図ちず 지도
* 探さがす 찾다
* ～でしたら ～(이)라면
* こちら 이쪽, 여기
* ～にございます ～에 있습니다(공손한 표현)

세 번씩 따라 말해 보세요.

저기요, 관광안내를 받을 수 있을까요? ▶ mp3 08-02 ✔ 2 3

すみません、観光案内(かんこうあんない)をいただけますか。

교체하기

観光(かんこう)マップ 관광지도

このパンフレット 이 팜플렛

韓国語(かんこくご)のパンフレット 한국어 팜플렛

✚ 원하는 것 + をいただけますか
(제가) ~을 받을 수 있습니까? 또는 (저에게)~을 줄 수 있습니까?

관광안내소에서 여행지 주변지도나 관광안내책자 등을 요청할 때 쓰면 된다.

이 주변에 온천이 있어요? ▶ mp3 08-03 1 2 3

この辺(あた)りに温泉(おんせん)はありますか。

교체하기

見(み)るところ 볼만한 곳

おすすめの観光(かんこう)スポット 추천할만한 관광명소

お寿司(すし)のおいしいお店(みせ) 생선초밥 잘 하는 가게

✚ この辺^ん^に + 찾는 곳 + はありますか 이 주변에 ~은 있습니까?

おすすめの~ 추천 ~
おいしいお店(みせ) 맛있는 가게

관광안내소에서 주변 관광지나 음식점 등 정보를 얻고 싶을 때 쓰기 좋은 표현이다.

여기서 투어 신청할 수 있어요? ▶ mp3 08-04 1 2 3

ここでツアーの申(もう)し込(こ)みはできますか。

교체하기

ホテルの予約(よやく) 호텔 예약

携帯(けいたい)の充電(じゅうでん) 휴대폰 충전

自転車(じてんしゃ)を借(か)りること
자전거를 빌리는 것(자전거 대여)

✚ ~はできますか ~은 할 수 있어요?
申(もう)し込(こ)み 신청

~を借(か)りることはできますか
~을 대여할 수 있어요?

「できる(할 수 있다)」를 활용한 표현들로 관광안내소에서 제공되는 다양한 서비스를 이용하고자 할 때 쓸 수 있다.

01 다음 단어를 보고 오른쪽 보기에서 뜻을 찾아 연결해 보세요.

① 地図(ちず) •　　　　　　　　• ⓐ 명소

　　　　　　　　　　　　　　• ⓑ 신청

② スポット •

　　　　　　　　　　　　　　• ⓒ 예약

③ 申し込み(もうしこみ) •　　　　• ⓓ 지도

02 다음 빈칸에 알맞은 단어를 써서 문장을 완성하세요.

> 보기　借(か)りる　おすすめ　パンフレット　マップ

① ［　　　　　　］の観光(かんこう)スポットはありますか。　추천할 만한 관광명소 있어요?

② 観光(かんこう)［　　　　　　］をいただけますか。　관광지도를 받을 수 있을까요?

③ 自転車(じてんしゃ)を［　　　　　］ことはできますか。　자전거 대여할 수 있어요?

03 우리말 문장을 보고 일본어로 바로 말해 보세요.

☐ 지도를 찾고 있는데요.

☐ 이 주변에 볼 만한 곳이 있어요?

☐ 여기서 투어 신청할 수 있어요?

일본어로
술~술~
나올 때까지
연습 또 연습!

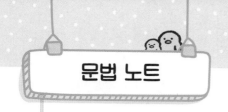

문법 노트

명사+でしたら ~(이)라면

매우 정중하게 '~(이)라면'이라고 말할 때 쓰는 표현으로, 「地図でしたら」는 '지도라면'으로 해석할 수 있습니다. 모든 명사 뒤에 「~でしたら」를 붙여서 사용해 보세요.

예 パンフレットでしたらあちらにございます。

팜플렛이라면 저쪽에 있습니다.

예 予約のことでしたらこちらでお願いします。

예약에 대한 것이라면 이쪽에서 해드리겠습니다.

관광 안내소

관광 안내소는 시내 곳곳에 있는데, 관광 안내뿐만 아니라 인터넷 무료 사용이나 숙박 예약, 식당을 추천해주기도 합니다. 최근에는 우산, 휠체어, 자전거까지 대여해 주는 곳도 생겼어요. 북쪽 지방의 경우에는 눈 오는 것에 대비해 장화를 빌려주기도 해요. 또 짐을 맡아주는 곳도 있으니, 관광 안내소의 다양한 서비스를 직접 체험해 보세요.

ここで~を借りることはできますか。 여기에서 ~를 빌릴 수 있나요?

荷物を預けることはできますか。 짐을 맡길 수 있나요?

 관광 명소 구경 ▶ mp3 08-05

저기 화려한 건물은 뭐죠?

あのう、あそこのカラフルな建物（たてもの）は何（なん）ですか。

ジブリ美術館（びじゅつかん）ですよ。

🐱 저어, 저기 화려한 건물은 뭐죠?

👦 지브리 미술관이에요.

* あそこの〜 저기(의)〜

* カラフルな 화려한, 다채로운

* 建物（たてもの） 건물

* 〜は何（なん）ですか 〜은 무엇입니까?

실전 연습

세 번씩 따라 말해 보세요.

저기요, 입구는 어디예요?

▶ mp3 08-06

すみません、入口はどこですか。

교체하기

お土産屋さん 기념품 가게

チケットうりば 매표소

ロープウェイのりば 로프웨이 타는 곳

➕ ~はどこですか ~은 어디입니까?
うりば 파는 곳
のりば 타는 곳
展望台てんぼうだい 전망대
喫煙所きつえんじょ 흡연 장소
ゴミ箱ばこ 쓰레기통

자전거 대여소 있어요?

▶ mp3 08-07

レンタサイクルはありますか。

교체하기

韓国語のパンフレットは 한국어 팜플렛은

韓国語の音声案内も 한국어 음성안내도

学生割引は 학생 할인은(줄여서 学割)

~はありますか ~은 있어요?
レンタサイクル 자전거 대여(소)
~割引わりびき ~할인

➕ 자전거를 이용할 때는 이 한마디도 알아두자.
空気入くうきいれ、ありますか。
공기펌프 있어요?

공연은 몇 시부터 몇 시까지예요?

▶ mp3 08-08

公演は何時から何時までですか。

교체하기

花火大会 불꽃놀이

夜のライトアップ 야간 라이트 업

そば打ち体験 수타 메밀국수 체험

~から~まで ~부터 ~까지
ライトアップ 건물이나 정원·다리 등에 야간 조명을 비추어 밤 경관을 아름답게 연출하는 일
~体験たいけん ~체험

➕ '언제'인지 물을 때는 「~はいつですか(~은 언제입니까?)」, 「~はいつからいつまでですか(~은 언제부터 언제까지입니까?)」와 같이 물으면 된다.

확인 문제

01 다음 단어를 보고 오른쪽 보기에서 뜻을 찾아 연결해 보세요.

① 建物^{たてもの} •

② 花火大会^{はなびたいかい} •

③ お土産屋さん^{みやげや} •

• ⓐ 전망대

• ⓑ 건물

• ⓒ 기념품 가게

• ⓓ 불꽃놀이

02 다음 빈칸에 알맞은 단어를 써서 문장을 완성하세요.

> 보기 出口^{でぐち}   入口^{いりぐち}   韓国語^{かんこくご}   公演^{こうえん}

① [   ] はどこですか。 입구는 어디예요?

② [   ] の音声案内^{おんせいあんない}はありますか。 한국어 음성안내가 있어요?

③ [   ] は何時^{なんじ}までですか。 공연은 몇 시까지예요?

03 우리말 문장을 보고 일본어로 바로 말해 보세요.

☐ 저기 건물은 뭐예요?

☐ 기념품 가게는 어디예요?

☐ 불꽃놀이는 몇 시부터예요?

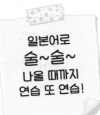

일본어로
술~술~
나올 때까지
연습 또 연습!

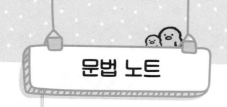

문법 노트

カラフルな建物 <ruby>建物<rt>たてもの</rt></ruby> 화려한 건물

「な형용사」는 명사를 수식할 때 「〜な+명사」로 말해요. 따라서 화려한 건물은 「カラフルな+<ruby>建物<rt>たてもの</rt></ruby>」라고 말하면 돼요. 많이 쓰이는 な형용사로 예를 들어보면 「<ruby>便利<rt>べんり</rt></ruby>なタクシー(편리한 택시)」,「きれいな<ruby>傘<rt>かさ</rt></ruby>(예쁜 우산)」과 같이 표현하면 됩니다.

예 すきな<ruby>食<rt>た</rt></ruby>べ<ruby>物<rt>もの</rt></ruby>はなんですか。

좋아하는 음식은 무엇입니까?

예 もっとシンプルなデザインはありませんか。

좀 더 심플한 디자인은 없습니까?

일본여행의 필수 어플

일본 여행 시 다운로드해서 가면 편한 어플이 몇 개 있는데, 그중 가장 대표적인 것이 '구글맵스(Google Maps)'입니다. '구글맵스'는 한글로도 이용 가능하기 때문에, 이것만 있으면 대부분은 현지인에게 길을 묻지 않고 길 찾기가 가능하답니다. 그 밖에 'Yahoo!乗換案内(のりかえあんない)'는 목적지까지 편하게 가는 교통수단을 찾을 수 있고 복잡한 역에서 환승할 때 도움이 많이 돼요. '도쿄 지하철 내비게이션(Tokyo Subway Navigation)'과 '전국 택시 호출 서비스(JAPAN TAXI)', '스마트 EX(スマートEX)'도 유용하게 사용되는 어플입니다. 그중에 '스마트 EX'는 신칸센 예약이 가능해서 여러 곳을 기차로 다닐 생각이라면 반드시 다운로드해 가세요!

03

mp3 08-09

사진 좀 찍어주지 않을래요?

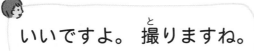

すみません、写真を撮ってもらえませんか。

いいですよ。撮りますね。

저기요, 사진 좀 찍어주지 않을래요?

좋아요. 찍을게요.

＊ 写真を撮る 사진을 찍다

＊ いい 좋다

＊ ～よ ～에요(가벼운 강조)

＊ ～ね ～에요(동의, 확인)

실전 연습

세 번씩 따라 말해 보세요.

여기서 사진을 찍어도 돼요?   ▶ mp3 08-10 ✔ 2 3

ここで写真を撮ってもいいですか。
しゃしん と

교체하기

館内で写真を 관내에서 사진을
かんない しゃしん

これ、写真に 이거 사진으로
しゃしん

写真を 1 枚 사진을 한 장
しゃしん いちまい

~てもいいですか ~해도 돼요?
~を撮ってもいいですか ~을 찍어도 돼요?

館内かんない (미술관·박물관 등) 건물 내부

이 야경을 배경으로 해서 찍고 싶은데요.   ▶ mp3 08-11 1 2 3

この夜景をバックにして撮りたいんですが。
や けい と

교체하기

あの建物 저 건물
たてもの

あのお城 저 성
しろ

あの山 저 산
やま

~をバックにして ~을 배경으로 해서
撮りたいんですが 찍고 싶은데요

「~たいんですが」는 무엇을 하고 싶은지 운을 떼는 표현으로 뭔가를 부탁할 때 즐겨 쓴다.

全身ぜんしんが入はいるように撮とってください. 전신이 나오게 찍어주세요.

사진 찍기 좋은 명소를 알려 주세요.   ▶ mp3 08-12 1 2 3

おすすめの撮影スポットを教えてください。
さつえい おし

교체하기

人気のフォトスポット 인기 사진 명소
にん き

インスタ映えスポット SNS인증샷 명소
ば

夜景スポット 야경 명소
や けい

おすすめの~ 추천(할 만한) ~
スポット 명소
教おしえてください 가르쳐 주세요

「インスタ映ばえ」는 인스타그램과 사진발을 뜻하는 「映ばえ」가 합쳐진 말로, 인스타그램 등 SNS에 올리기 좋은 사진을 가리키는 말이다.

확인 문제

01 다음 단어를 보고 오른쪽 보기에서 뜻을 찾아 연결해 보세요.

① 写真<ruby>しゃしん</ruby> ・   ・ ⓐ 촬영

        ・ ⓑ 사진

② 撮る<ruby>と</ruby> ・   ・ ⓒ 찍다

        ・ ⓓ 가르치다

③ 撮影<ruby>さつえい</ruby> ・

02 다음 빈칸에 알맞은 단어를 써서 문장을 완성하세요.

> 보기 撮<ruby>と</ruby>っても　　撮<ruby>と</ruby>りたい　　教<ruby>おし</ruby>えて　　かりて

① おすすめの撮影<ruby>さつえい</ruby>スポットを ⬚⬚⬚⬚⬚ ください。

    사진 찍기 좋은 명소를 알려 주세요.

② 写真<ruby>しゃしん</ruby>を ⬚⬚⬚⬚⬚ いいですか。　사진을 찍어도 돼요?

③ あの建物<ruby>たてもの</ruby>をバックにして ⬚⬚⬚⬚⬚ んですが。

    저 건물을 배경으로 해서 찍고 싶은데요.

03 우리말 문장을 보고 일본어로 바로 말해 보세요.

☐ 여기서 사진을 찍어도 돼요?

☐ 사진 좀 찍어주지 않을래요?

☐ SNS인증샷 명소를 가르쳐 주세요.

일본어로
술~술~
나올 때까지
연습 또 연습!

문법 노트

～よ、～ね。　~요, ~군요.

일본 사람들이 말끝에 「～よ」나 「～ね」를 붙여서 사용하는 것을 많이 아실 거예요. 이 두 가지는 뉘앙스가 조금 다릅니다. 「～よ」는 가벼운 느낌으로 강조할 때 붙이고, 「～ね」는 동의를 구하거나 확인하는 느낌으로 사용해요. 처음에는 다소 구별하기 어려우니 사용할 때 주의하는 것이 좋아요. 이 둘을 한꺼번에 붙여서 「～よね」로 쓰기도 하는데, 이럴 땐 주로 상대방에게 확실하게 하고 싶을 때 사용한답니다.

(예) ここが人気のフォトスポットですよ。
여기가 인기 사진 명소에요.

(예) さすが、インスタ映えスポットですね。
과연, SNS인증샷 명소로군요.

사진 촬영

여행에서 사진은 빼놓을 수 없긴 하지만, 주의 표지판 '촬영 금지(撮影禁止)'가 있는 곳에서는 사진을 찍어선 안됩니다. 또 일본인들은 타인의 사진에 본인이 찍히는 것을 싫어하는 경우가 많으므로, '셀카봉(セルカ棒)'으로 사진을 찍을 때, 배경에 일본인이 있는지 확인하는 주의가 필요합니다. 전통의상이나 코스프레 복장을 입은 일본인과 함께 찍고 싶을 땐 「一緒にしゃしん、とってもいいですか。(같이 사진 찍어도 괜찮습니까?)」라고 정중히 요청하면 됩니다.

  ▶ mp3 08-13

날씨도 좋고, 노천탕 최고야!

極楽、極楽。
ごくらく ごくらく

いい湯だなあ。
ゆ

天気もいいし、露天風呂って最高。
てん き ろ てん ぶ ろ さいこう

🦁 여기가 바로 천국이네.

🐰 (온천)물 좋구먼.

🦝 날씨도 좋고, 노천탕 최고야!

* 極楽ごくらく 극락
* 湯ゆ 뜨거운 물
* 명사+だ ~이다
* ~なあ ~구나(감탄)
* ~し 나열할 때 사용함
* ~って ~는

실전 연습

세 번씩 따라 말해 보세요.

수건은 있어요?

▶ mp3 08-14 ☑ 2 3

タオルはありますか。

교체하기

- 石^{せっ}けん 비누
- 貸^かし切^きり風呂^{ぶろ} 전세탕
- 家族風呂^{か ぞく ぶ ろ} 가족탕

➕ ~はありますか ~는 있습니까?

~風呂^{ぶろ} ~탕

여탕은 어디에 있어요?

▶ mp3 08-15 1 2 3

女湯^{おんな ゆ}はどこにありますか。

교체하기

- 男湯^{おとこ ゆ} 남탕
- 露天風呂^{ろ てん ぶ ろ} 노천탕
- 大浴場^{だいよくじょう} 대욕탕

➕ ~はどこにありますか ~는 어디에 있습니까?

~はどこですか ~는 어디입니까?

몇 시까지 입욕 가능한가요?

▶ mp3 08-16 1 2 3

何時^{なん じ}まで入浴^{にゅうよく}可能^{か のう}ですか。

교체하기

- 温泉^{おんせん}だけの利用^{り よう}は 온천만 이용은
- 日帰^{ひ がえ}り入浴^{にゅうよく}も 당일치기 입욕도
- 飲食物^{いんしょくぶつ}の持^もち込^こみは 음식물 반입은

➕ ~可能^{か のう}ですか ~가능합니까?

➕ 「~は(~은)」 또는 「~も(~도)」와 같이 쓰이기도 한다. 「료칸(旅館)」에 숙박하지 않고 온천만 당일치기로 이용할 수 있는지 알고 싶을 때도 이 표현을 써서 물어보면 된다.

01 다음 단어를 보고 오른쪽 보기에서 뜻을 찾아 연결해 보세요.

① 温泉 _{おんせん} ・   ・ ⓐ 여탕

② 入浴 _{にゅうよく} ・   ・ ⓑ 남탕

③ 女湯 _{おんな ゆ} ・   ・ ⓒ 입욕

                              ・ ⓓ 온천

02 다음 빈칸에 알맞은 단어를 써서 문장을 완성하세요.

보기   可能 _{か のう}   男湯 _{おとこ ゆ}   女湯 _{おんな ゆ}   最高 _{さいこう}

① [   ] はどこにありますか。 남탕은 어디에 있어요?

② 温泉 _{おんせん} だけの利用 _{り よう} は [   ] ですか。 온천만 이용은 가능한가요?

③ 露天風呂 _{ろ てん ふ ろ} って [   ] 。 노천탕 최고야!

03 우리말 문장을 보고 일본어로 바로 말해 보세요.

☐ 비누는 있어요?

☐ (온천)물 좋구먼.

☐ 몇 시까지 입욕 가능한가요?

일본어로
술~술~
나올 때까지
연습 또 연습!

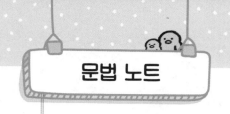

문법 노트

~し、~し ~(하)기도 하고 ~(하)기도 하고

서술어를 열거할 때 사용되는 표현입니다. '~(하)기도 하고 ~(하)기도 하고'라는 말을 여유롭게 말할 때 씁니다.

(예) デザインもいいし、やすいし、これにします。

　　디자인도 좋고 싸기도 하니, 이걸로 할게요.

(예) このアプリは簡単だし、見やすいからよく使っています。

　　이 어플은 간단하기도 하고 보기도 편해서 자주 사용합니다.

일본의 온천

일본은 워낙 온천으로 유명한 나라이다 보니 어디에서나 온천을 즐길 수 있어요. 온천 료칸에 숙박을 하는 경우에는 일본 정식 요리인 '가이세키 요리(懷石料理)'를 먹는 사치를 부릴 수도 있어요. 하지만 부담이 된다 싶으면 온천탕만 이용할 수도 있고, 온천지에는 무료 족욕탕이 많이 있으므로 무료로 온천 족욕을 할 수도 있답니다. 일본 온천 여행의 꽃이라 할 수 있는 먹거리를 빼 놓을 수가 없는데, 이왕 유명 온천지에 들렀다면 '온천 만두(温泉まんじゅう), 온천 달걀(温泉たまご), 온천 사이다(温泉サイダー)'는 꼭 먹어 보세요. 지역별로 맛이 다 다르니까 비교해가면서 먹어보는 것도 색다른 재미가 될 거예요.

종류별로 다 쓸어 담아야
제맛이지~ ♬

어쩌지 ㅠㅠ
사고 싶은 게 너무 많아!

기념품으로 사기에 좋은 거 같아!

개성 넘치는 사람들로 가득해!

관광객이 더 많아!

PART 09

쇼핑

▶ mp3 09-01

클렌징폼을 사고 싶은데요.

 洗顔^{せんがん}フォームがほしいんですが、
どの製品^{せいひん}が人気^{にんき}ですか。

こちらの製品^{せいひん}が売^うれています。

 클렌징폼을 사고 싶은데 어느 제품이 인기에요?

 이 제품이 잘 팔리고 있어요.

* 洗顔^{せんがん}フォーム 클렌징폼, 세수비누
* ～がほしい ～을 갖고 싶다
* どの 어느
* 製品^{せいひん} 제품
* 人気^{にんき}だ 인기이다
* 売^うれる (잘) 팔리다

실전 연습

 세 번씩 따라 말해 보세요.

저기요, 파스는 어디에 있어요?　　　　　　　　　▶ mp3 09-02　

すみません、湿布_{しっぷ}はどこにありますか。

~はどこにありますか ~은 어디
에 있어요?

교체하기

- 風邪薬_{かぜくすり} 감기약
- 化粧品売り場_{けしょうひんうりば} 화장품 매장
- お菓子売り場_{かしうりば} 과자 매장

(사진을 보여주며) 이걸 찾고 있는데요.　　　　　　▶ mp3 09-03　

これを探_{さが}しているんですが。

✚ ~を探_{さが}しているんですが ~을
찾고 있는데요
探_{さが}す 찾다
探_{さが}している 찾고 있다

効_きく 효과가 있다, 듣다

교체하기

- この商品_{しょうひん} 이 상품
- このお菓子_{かし} 이 과자
- 腰痛_{ようつう}に効_きく薬_{くすり} 요통에 듣는 약

이 중에서 제일 잘 듣는 건 어느 거예요?　　　　　▶ mp3 09-04　

この中_{なか}で、一番_{いちばん}よく効_きくのはどれですか。

一番_{いちばん}~のはどれですか 가장
~인 것은 어느 거예요?

✚ 둘 중 하나를 추천 받고 싶을 때는
「どちら」를 써서 질문하면 된다.
これとこれだったら、どちらがよく
効_ききますか。이것과 이것 중에서
어느 쪽이 잘 들어요?

교체하기

- 日持_{ひも}ちするのは 오래 가는 것은
- 人気_{にんき}があるのは 인기가 있는 것은
- 売_うれているのは 잘 팔리는 것은

01 다음 단어를 보고 오른쪽 보기에서 뜻을 찾아 연결해 보세요.

① 化粧品 ・

② お菓子 ・

③ 湿布 ・

・ⓐ 과자

・ⓑ 파스

・ⓒ 화장품

・ⓓ 감기약

02 다음 빈칸에 알맞은 단어를 써서 문장을 완성하세요.

> 보기   探して   売れて   ほしい   どこに

① この製品が ⬜ います。 이 제품이 잘 팔리고 있어요.

② これを ⬜ いるんですが。 이걸 찾고 있는데요.

③ 化粧品売り場は ⬜ ありますか。

화장품 매장은 어디에 있어요?

03 우리말 문장을 보고 일본어로 바로 말해 보세요.

☐ 파스를 사고 싶은데요.

☐ 감기약은 어디에 있어요?

☐ 요통에 듣는 약을 찾고 있는데요.

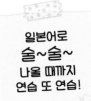

일본어로
술~술~
나올 때까지
연습 또 연습!

문법 노트

～がほしいんですが。 ～하고 싶은데요.

'～를 원하는데요'라는 표현으로 무엇인가를 사고 싶거나, 갖고 싶거나, 먹고 싶을 때 광범위하게 사용하면 됩니다. 이는 「ほしい(필요하다, 원하다)」라는 い형용사에 「～んですが」를 붙여서 완곡하게 표현한 말이에요.

(예) **サプリ(メント)**がほしいんですが。
영양제를 사고 싶은데요.

(예) **カレールー**がほしいんですが。
고형 카레를 사고 싶은데요.

일본의 드럭스토어 「ドラッグストア」

실속파 여행객들에게 인기가 높은 일본 약국은 약뿐만 아니라 화장품, 일상용품, 식료품 등 정가보다 싼 가격에 구매가 가능하여 필수 코스로 꼽혀요. 특히 일본에서만 구매할 수 있는 아이템이 많아서 구경하다 보면 시간 가는 줄 모를 정도로 다양한 제품들이 구비되어 있어요. 관광객이 많이 찾는 드럭스토어로는 마쓰모토키요시(マツモトキヨシ), 고코카라화인(ココカラファイン), 스기약국(スギ薬局), 산도락쿠(サンドラッグ), 다이고쿠도락쿠(ダイコクドラッグ) 등이 있으니 한번 들러 보세요. 너무 싸기 때문에 싹쓸이 쇼핑(爆買ばくがい)을 하는 손님이 많아 2, 3개 한정으로 팔기도 한답니다.

옷·신발 가게

▶ mp3 09-05

이 티셔츠 입어 봐도 돼요?

このTシャツ、試着してもいいですか。

はい、どうぞ。 こちらをご利用ください。

🐰 이 티셔츠 입어 봐도 돼요?

👩 네, 입어 보세요. 이곳을 이용해 주세요.

* この〜 이〜
* Tシャツ 티셔츠
* 試着しちゃくする 입어보다
* どうぞ 상대방에게 뭔가를 권
  할 때 쓰는 표현

세 번씩 따라 말해 보세요.

이 신발, 신어 봐도 돼요?

▶ mp3 09-06 ☑ 2 3

この靴、履いてみてもいいですか。

교체하기
- スニーカー 스니커즈
- サンダル 샌들
- ブーツ 부츠

➕ 履く 신다
履いてみてもいいですか 신어 봐
도 돼요?

～てみてもいいですか ～해 봐도
돼요?

이거, 한 사이즈 큰 거 있어요?

▶ mp3 09-07 1 2 3

これ、ひとつ大きいものはありますか。

교체하기
- ひとつ小さいもの 한 사이즈 작은 거
- 23.5センチ 23.5센티(235미리)
- Lサイズ L사이즈

➕ これ、～はありますか
이거, ～은 있어요?

大きい 크다
小さい 작다

이것과 같은 걸로 다른 색깔은 있어요?

▶ mp3 09-08 1 2 3

これと同じもので、色違いはありますか。

교체하기
- 黒(=ブラック)は 검정색은
- 女性用(=レディース)も 여성용도
- 男性用(=メンズ)も 남성용도

➕ 그 밖의 색깔 표현

白(=ホワイト) 흰색
青(=ブルー) 파랑
赤(=レッド) 빨강
緑(=グリーン) 초록
黄色(=イエロー) 노랑
茶色(=ブラウン) 갈색
ベージュ 베이지

01 다음 단어를 보고 오른쪽 보기에서 뜻을 찾아 연결해 보세요.

① スニーカー •

② サンダル •

③ ブーツ •

• ⓐ 부츠

• ⓑ 스니커즈

• ⓒ 샌들

• ⓓ 하이힐

02 다음 빈칸에 알맞은 단어를 써서 문장을 완성하세요.

> 보기   履いて   試着して   大きい   小さい

① ひとつ ☐ ものはありますか。 한 사이즈 큰 거 있어요?

② この服、☐ もいいですか。 이 옷 입어 봐도 돼요?

③ この靴、☐ みてもいいいですか。 이 신발 신어 봐도 돼요?

03 우리말 문장을 보고 일본어로 바로 말해 보세요.

☐ 이 티셔츠 입어 봐도 돼요?

☐ 이것과 같은 걸로 다른 색깔은 있어요?

☐ 이거 23.5센티(235미리) 있어요?

※자신의 신발 사이즈를 넣어 말해 보세요.

일본어로
술~술~
나올 때까지
연습 또 연습!

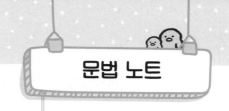

문법 노트

～てもいいですか。　～을 해도 돼요?

'～을 해도 됩니까?'라는 허가를 구하는 표현인데요. 이에 대해서 '～해서는 안 됩니다'라는 대답을 들을 수도 있으니 함께 알아두도록 합시다. '～해서는 안 됩니다'는 「～てはいけません」입니다.

(예) これ、もらってもいいですか。
이거, 갖고 가도 되나요?

(예) ここで写真、とってもいいですか。
여기에서 사진을 찍어도 될까요?

(예) いいえ、とってはいけません。
아니요, 찍으시면 안 됩니다.

인터넷 쇼핑

혹시 인터넷 쇼핑을 하고 싶을 땐, '일본 아마존(www.Amazon.co.jp)'이나 '라쿠텐(www.rakuten.co.jp)'에 회원 가입을 하고 물건을 산 후에 숙소 주소와 자신의 이름, 체크인 날짜를 기입하면 숙소 프런트에서도 물건을 수령할 수 있습니다. 단 호텔에 따라 수수료가 있거나 택배 서비스를 하지 않을 수도 있으니 미리 확인해보
는 것이 좋습니다. 택배의 수량이 많거나 부피가 큰 경우에는 호텔 업무에 방해가 될 수 있으니 주의해야 합니다. 최근에는 편의점에서 배송받기도 합니다. 하나의 팁이라면, 시간 절약을 위해 미리 한국에서 산 후에, 받는 날과 장소를 정하면 편하게 이용할 수 있습니다.

계산과 포장

아뇨, 안 갖고 있어요.

ポイントカードはお持^もちですか。

いいえ、持^もっていません。

お作^{つく}りしましょうか。

いいえ、結構^{けっこう}です。

 포인트 카드는 갖고 계세요?

아뇨, 안 갖고 있어요.

만들어 드릴까요?

아뇨, 괜찮아요.

* ポイントカード 포인트 카드
* 持^もつ 가지다, 지니다, 들다
* 作^{つく}る 만들다
* 結構^{けっこう}です 괜찮습니다
  (거절할 때 많이 쓴다)

실전 연습

 세 번씩 따라 말해 보세요.

면세로 살 수 있어요?

▶ mp3 09-10 2 3

免税できますか。
めん ぜい

교체하기

免税でお願いします。 면세로 부탁해요.
めんぜい　　ねが

免税してもらえますか。 면세로 해 줄 수 있나요?
めんぜい

세금 포함한 가격인지 궁금하다면?
税込ぜいこみですか 세금 포함이에
요?

~できますか ~할 수 있어요?
~でお願ねがいします ~로 부탁해요
~てもらえますか ~해줄래요?

이 쿠폰을 사용할 수 있어요?

▶ mp3 09-11 1 2 3

このクーポンを使えますか。
つか

교체하기

割引券を 할인권을
わりびきけん

ポイントは 포인트는

カードは 신용카드는

~を使つかえますか ~을 사용할
수 있어요?

포장해 주실래요?

▶ mp3 09-12 1 2 3

ラッピングしていただけますか。

교체하기

包んで 포장해
つつ

包装して 포장해
ほうそう

プレゼント用にラッピングして 선물용으로 포장해
よう

ラッピングする 랩핑(wrapping)하
다, 포장하다
~ていただけますか ~해 주실래
요?

包つつむ 싸다, 포장하다
包装ほうそうする 포장하다
プレゼント用よう 선물용
自宅用じたくよう 자택용(본인 사용)

01 다음 단어를 보고 오른쪽 보기에서 뜻을 찾아 연결해 보세요.

① プレゼント   •

② ラッピング   •

③ ポイント   •

• ⓐ 쿠폰

• ⓑ 포장

• ⓒ 선물

• ⓓ 포인트

02 다음 빈칸에 알맞은 단어를 써서 문장을 완성하세요.

> 보기   クーポン   ラッピング   免税(めんぜい)   割引(わりびき)

① ☐ できますか。 면세로 살 수 있어요?

② ☐ していただけますか。 포장해 주실래요?

③ ☐ は使(つか)えますか。 쿠폰은 사용할 수 있어요?

03 우리말 문장을 보고 일본어로 바로 말해 보세요.

☐ 이 포인트는 사용할 수 있어요?

☐ 아뇨, 안 갖고 있어요.

☐ 면세로 부탁해요.

일본어로
술~술~
나올 때까지
연습 또 연습!

持っていません。 안 갖고 있어요.

한국어로 '없다, 갖고 있지 않다'라는 표현을 할 땐 「持っていません」이라고 합니다

「~ていません」의 경우 '~되어 있지 않다'라는 말을 하고 싶을 때 사용하면 돼요.

즉 '여권은 없습니다'는 「パスポートは 持っていません」이에요. '짐이 아직 도착

안 했어요'는 「荷物がまだ届いていません」이라고 합니다.

예 今、パスポートは持っていません。

지금 여권은 안 갖고 있어요.

예 私は現金は持っていません。

저는 현금은 갖고 있지 않아요.

택스프리(Tax Free)

일본은 구매품에 소비세가 붙는데 단기 체류 외국인의 경우는
소비세를 면세해 주고 있어요. 면세 가능 매장에는 택스프리 마
크가 있고, 1일 1점포에서 5000엔 이상(세금 별도) 구매했을
경우에 한하고 여권 지참이 필수입니다. 면세로 산 물품은 포
장을 뜯지 않은 상태로 출국해야 합니다.

 교환과 환불

mp3 09-13

이거 반품할 수 있어요?

これ、さっきここで買ったんですが、返品できますか。

レシートはお持ちですか。

 이거, 아까 여기서 샀는데요, 반품할 수 있어요?

영수증은 갖고 계세요?

* さっき 아까
* ここ 여기
* ～で ～에서
* 買かった 샀다
* 返品へんぴん(する) 반품(하다)
* レシート 영수증
* 持もつ 가지다, 지니다

세 번씩 따라 말해 보세요.

이거, 어제 여기서 샀는데요.　▶ mp3 09-14 ✔ 2 3

これ、昨日_{きのう}ここで買_かったんですが。

교체하기
一昨日_{おととい} 그저께
三日前_{みっかまえ}に 사흘 전에
先週_{せんしゅう} 지난 주에

買_かう 사다
買_かった 샀다
買_かったんですが 샀는데요

교환 또는 환불하려고 할 때는 먼저 언제 어디서 샀는지를 말하면서 영수증과 함께 제시하면 된다.

다른 것과 교환하고 싶은데요.　▶ mp3 09-15 1 2 3

ほかのものと交換_{こうかん}したいんですが。

교체하기
ほかの色_{いろ} 다른 색상
ほかのサイズ 다른 치수

〜と交換_{こうかん}したいんですが
〜와 교환하고 싶은데요
交換_{こうかん}する 교환하다

교환을 원할 때 「〜たい(〜하고 싶다)」라는 희망 표현을 써서 말할 수 있다.

하나 위 사이즈로 바꿔 줄래요?　 mp3 09-16 1 2 3

ひとつ上_{うえ}のサイズに換_かえてもらえますか。

교체하기
ひとつ下_{した}のサイズ 하나 아래 사이즈
ひとつ大_{おお}きいサイズ 하나 큰 사이즈
ひとつ小_{ちい}さいサイズ 하나 작은 사이즈

〜に換_かえてもらえますか
〜로 바꿔 줄래요?
換_かえる 바꾸다, 교환하다
(=交換_{こうかん}する)

「〜てもらえますか」 대신 「〜ていただけますか」를 사용하면 좀 더 정중한 표현이 된다.

01 다음 단어를 보고 오른쪽 보기에서 뜻을 찾아 연결해 보세요.

① 買う　　　•

② 換える　　•

③ 返品する　•

　　　•　ⓐ 교환하다

　　　•　ⓑ 반품하다

　　　•　ⓒ 환불하다

　　　•　ⓓ 사다

02 다음 빈칸에 알맞은 단어를 써서 문장을 완성하세요.

보기　　　買った　　換えて　　交換　　返品

① [　　　　] したいんですが。　교환하고 싶은데요.

② ここで [　　　　] んですが。　여기서 샀는데요.

③ ほかの色に [　　　　] もらえますか。　다른 색상으로 바꿔 줄 수 있나요?

03 우리말 문장을 보고 일본어로 바로 말해 보세요.

☐　이거, 반품할 수 있어요?

☐　이거, 어제 여기서 샀는데요.

☐　하나 위 사이즈로 바꿔 줄래요?

일본어로
술~술~
나올 때까지
연습 또 연습!

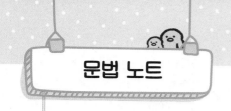

문법 노트

お持ちですか。 갖고 계세요?

'갖고 계십니까'라는 말인데요. 여권이나 짐 등이 있냐고 물을 때도 이 표현을 씁니다. 일본에서는 상대방에게 정중하게 말할 때 'お+동사의 명사형+ですか'라는 표현을 자주 사용합니다. 「お持ちですか」를 다르게 표현한 경우도 있는데요, 「あります」를 정중하게 「おありですか。(있으십니까?)」로 묻기도 합니다. 그 외에 공항 등에서 들은 말 중에 「おとまりですか。(묵으십니까?)」와 같은 말도 응용 표현의 한 가지입니다.

예） お荷物はお持ちですか。

짐은 있으신가요?

예） 身分証明書はお持ちですか。

신분증은 갖고 계신가요?

한일 사이즈 표기의 차이

한국과 일본의 사이즈 표기는 비슷한 듯 조금 다릅니다. 의류의 경우, 우리나라에서는 'S·M·L·XL'로 표시하지만, 일본에서는 'S·M·L·LL·LLL'로 표시합니다. 특히 여성복의 경우, 우리나라에서는 '44·55·66·77' 등으로 표시하지만, 일본에서는 '5·7·9·11' 등으로 표시합니다. 그리고 일반적으로 일본 사이즈가 한국보다 좀 작습니다. 일본에서의 'M사이즈'는 한국 'S사이즈'에 가까우니 입어 보고 사는 것이 좋습니다.

신발의 사이즈 역시 조금 다른데, 우리는 밀리미터로 표시하지만, 일본은 센티미터로 표시합니다. 예를 들어 본인이 '260밀리미터'인 경우에 일본에서는 「26(にじゅうろく)」를 달라고 해야 합니다.

일본 친구를 사귀어 볼까?

세계의 모든 친구들이 여기 다 모여 있는 것 같○

한국에 놀러 오면
내가 가이드해줄게!

현지인 친구와 함께 간
#현지인맛집

PART 10

친구 사귀기

여기는 자리 비었나요?

 すみません、ここは空いていますか。

 ありがとうございます。

ええ、どうぞ。

 저기요, 여기는 자리 비었나요?

네, 앉으세요.

고맙습니다.

* ここ 여기
* 空あく 비다
* ええ 네(격식을 차려 말할 때
  는 はい)
* どうぞ 뭔가를 권유할 때 쓰
  는 표현

168

실전 연습

세 번씩 따라 말해 보세요.

여기에 앉아도 될까요?

   ▶ mp3 10-02 ✔ 2 3

ここに _{すわ}座ってもいいですか。

교체하기

この_{せき}席に 이 자리에

(お)_{となり}隣に 옆에

_{となり}隣の_{せき}席に 옆 자리에

➕ 座_{すわ}る 앉다
~てもいいですか ~해도 됩니까?

경치가 좋네요.

   ▶ mp3 10-03 1 2 3

いい_{け しき}景色ですね。

교체하기

_{なが}眺め 전망

お_{みせ}店 가게

お_{てん き}天気 날씨

いい~ですね 좋은 ~네요, ~가 좋군요
~ね ~네요, ~군요(동의, 확인, 감탄 등의 느낌을 나타냄)

➕ 꼭 쓰게 되는 맞장구 한마디!
そうですね 맞아요, 그렇군요

외국 분이세요?

   ▶ mp3 10-04 1 2 3

_{がい こく}外国の_{かた}方ですか。

교체하기

_{かんこく}韓国の_{かた}方 한국 분

_{に ほん}日本の_{かた}方 일본 분

_{ちゅうごく}中国の_{かた}方 중국 분

~の方_{かた}ですか ~분이세요?

➕ 대답할 때는「韓国_{かんこく}の方_{かた}」와 같이 높여 말하지 않도록 주의해야 한다.

韓国人_{かんこくじん}です。 한국인이에요.
中国人_{ちゅうごくじん}ではありません。
중국인이 아니에요.

확인 문제

01 다음 단어에 해당하는 뜻을 오른쪽 보기에서 찾아 연결해 보세요.

① 景色（けしき） •

② お天気（てんき） •

③ 外国（がいこく） •

• ⓐ 중국

• ⓑ 외국

• ⓒ 날씨

• ⓓ 경치

02 다음 빈칸에 알맞은 단어를 써서 문장을 완성하세요.

보기　　方（かた）　席（せき）　店（みせ）　天気（てんき）

① いいお ☐ ですね。　날씨가 좋네요.

② 韓国（かんこく）の ☐ ですか。　한국 분이세요?

③ 隣（となり）の ☐ 、空（あ）いていますか。　옆 자리 비었나요?

03 다음 문장을 일본어로 말해 보세요.

☐ 여기 앉아도 될까요?

☐ 경치가 좋네요.

☐ 외국 분이세요?

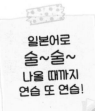

일본어로
술~술~
나올 때까지
연습 또 연습!

空いていますか。　비어 있나요?

자리가 있냐고 물어보는 표현으로 '비다'라는 단어 「空く」에 「~ていますか」를 연결한 형태입니다. 현지인이 이렇게 묻는다면, '자리 있어요'라는 표현은 '(누군가) 앉아 있어요'라는 식으로 대답하면 됩니다. 그러니까 「すみません、座っています。(죄송해요, 자리 있어요.)」라고 말하는 거예요. 만약 비어 있다면 「あいています。(비어 있어요.)」 또는 「どうぞ。(앉으세요.)」라고 말하면 됩니다. 이 표현은 시간이 있는지 물을 때도 사용합니다.

예 隣の席は空いていますか。

옆 자리는 빈자리인가요?

예 明日、あいていますか。

내일 시간 있어요?

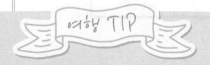

맞장구 「あいづち」

일본인과의 대화에서 맞장구는 필수적이에요. 상대방 이야기에 귀를 기울이고 있다는 표시로 일종의 예의라고 생각하면 됩니다. 따라서 상대가 이야기를 하면 「そうですね、そうですか、はい、ええ、うん、なるほど、ほんとう」와 같은 말을 사용해 맞장구를 쳐 보세요. 그게 어색하다면 고개라도 끄덕이면, 자신이 상대방의 이야기를 잘 듣고 있다는 표시랍니다. 단, 일본인들이 맞장구를 친다고 해서 상대방의 말에 동의한다는 의미는 아니니, 오해하지 않도록 조심해야 합니다.

자기소개

▶ mp3 10-05

김지수라고 해요.

キム・ジスといいます。どうぞよろしくおねがいします。

さ とう み らい
佐藤未来です。こちらこそよろしく。

GUEST HOUSE

🐰 김지수라고 해요. 아무쪼록 잘 부탁해요.

🧑 사토 미라이입니다. 저야말로 잘 부탁해요.

＊ ～といいます ～라고 합니다
＊ どうぞ 부디
＊ よろしく 잘
＊ こちらこそ 저야말로

세 번씩 따라 말해 보세요.

한국에서 왔어요.

▶ mp3 10-06 ✓ 2 3

韓国から来ました。
かんこく / き

교체하기

- ソウル 서울
- 東京 도쿄 (とうきょう)
- 大阪 오사카 (おおさか)

➕ ~から来ました ~에서 왔어요

더 정중하게 물어보고 싶을 때는 「どちらからいらした(いらしゃった)んですか。(어디서 오셨어요?)」라고 하면 된다.

관광차 왔어요.

▶ mp3 10-07 1 2 3

観光で来ました。
かんこう / き

교체하기

- 仕事で 업무차 (しごと)
- 友達と 친구와 (ともだち)
- 家族と 가족과 (かぞく)

~で来ました ~로(~때문에) 왔습니다

~と来ました ~와(누구) 왔습니다

旅行りょこう 여행

一人ひとり旅たび 나 홀로 여행

일본은 (이번이) 처음이에요.

▶ mp3 10-08 1 2 3

日本は(今回が)初めてです。
にほん / こんかい / はじ

교체하기

- 北海道 홋카이도 (ほっかいどう)
- 歌舞伎を見るの 가부키를 보는 것 (かぶき / み)
- ジブリ美術館に来たの 지브리 미술관에 온 것 (びじゅつかん / き)

~は初はじめてです ~은 처음입니다

~を見みるのは ~을 보는 것은

~に来きたのは ~에 온 것은

➕ '두 번째'는 '2回目にかいめ' '세 번째'는 '3回目さんかいめ'라고 하면 된다.

今回こんかいで2回目にかいめです。
이번으로 2번째예요.

01 다음 단어에 해당하는 뜻을 오른쪽 보기에서 찾아 연결해 보세요.

① 韓国(かんこく) •

② 家族(かぞく) •

③ 友達(ともだち) •

• ⓐ 관광

• ⓑ 친구

• ⓒ 가족

• ⓓ 한국

02 다음 빈칸에 알맞은 단어를 써서 문장을 완성하세요.

보기   観光(かんこう)   友達(ともだち)   今回(こんかい)   初(はじ)めて

① 日本(にほん)は ☐ です。 일본은 처음이에요.

② ☐ で来(き)ました。 관광차 왔어요.

③ ☐ と来(き)ました。 친구와 왔어요.

03 다음 문장을 일본어로 말해 보세요.

☐ 김지수라고 해요. ※자기 이름을 넣어 말해 보세요.

☐ 한국에서 왔어요.

☐ 아무쪼록 잘 부탁합니다.

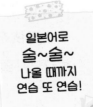

일본어로
술~술~
나올 때까지
연습 또 연습!

～といいます。 ～라고 해요.

'～라고 합니다'라는 뜻으로, 이름을 말할 때도 쓰지만 뭔가를 지칭해서 설명할 때도 사용하는 표현입니다. 「これは何といいますか。(이것은 뭐라고 합니까?)」, 「これは鮭どんといいます。(이것은 연어덮밥이라고 합니다.)」처럼 쓰면 되고, 이를 응용한 표현으로 「～という(～라고 하는)+명사」가 있는데, 「学割という意味です。(학생할인이라는 뜻입니다.)」처럼 쓰면 됩니다.

예 これは日本語では何といいますか。

　　이것은 일본어로 뭐라고 말합니까?

예 それは手荷物といいます。

　　그것은 수하물이라고 말합니다.

「おもてなし」

이 말은 '정성이 들어간 접대'라는 의미로 고객에 대해 정성을 다해 환대나 접대, 서비스를 하는 것을 말해요. 「おもてなし」는 접대를 의미하는 「もてなし」에 정중한 표현을 나타내는 「お」를 붙여 최고의 환대를 의미합니다. '순수한 마음으로 손님을 정성으로 대접하는 마음가짐'으로 서비스업에 종사하는 일본인들의 친절함의 근원이기도 하고 일본 전통의 문화코드이기도 합니다.

 ▶ mp3 10-09

일본어, 잘하시네요.

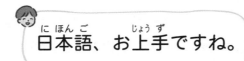

日本語、お上手ですね。

ありがとうございます。でも、まだまだです。

 일본어, 잘하시네요.

 고마워요. 하지만 아직 멀었어요.

* (お)上手じょうずだ 잘하다,
  능숙하다
* でも 하지만
* まだまだ 마다(아직)을 강
  조한 말

실전 연습

세 번씩 따라 말해 보세요.

한국 문화에 대해 잘 아시네요.
▶ mp3 10-10 ✔ 2 3

韓国の文化にお詳しいんですね。

교체하기

- 韓国ドラマ 한국드라마
- 日本のアニメ 일본 애니메이션
- ワイン 와인

~に詳しい ~에 정통하다, ~에 대해 잘 알다

 ~にお詳しいんですね ~에 대해 잘 아시는군요
「お」는 「詳しい」 앞에 붙어 존경을 나타내고 「ん」은 강조하는 느낌을 준다.

여행은 어땠어요?
▶ mp3 10-11 1 2 3

旅行はどうでしたか。

대답하기

- とてもよかったです。 정말 좋았어요.
- 感動しました。 감동했어요.
- また来たいです。 또 오고 싶어요.

~はどうでしたか ~은 어땠어요?
よかった 좋았다(いい의 과거)
来たい 오고 싶다

오늘은 정말 즐거웠어요.
▶ mp3 10-12 1 2 3

今日はとても楽しかったです。

교체하기

- 佐藤さんのおかげで 사토 씨 덕분에
- 一緒に観光できて 같이 관광할 수 있어서
- いろいろお話できて 이런저런 얘기를 할 수 있어서

楽しい 즐겁다
楽しかったです 즐거웠습니다
~のおかげで ~덕분에
~できて ~할 수 있어서

확인 문제

01 다음 단어에 해당하는 뜻을 오른쪽 보기에서 찾아 연결해 보세요.

① 詳^{くわ}しい　•

② よかった　•

③ 楽^{たの}しかった•

　•　ⓐ 오고 싶다

　•　ⓑ 즐거웠다

　•　ⓒ 좋았다

　•　ⓓ 잘 안다

02 다음 빈칸에 알맞은 단어를 써서 문장을 완성하세요.

보기　　上手^{じょうず}　　来^きたい　　旅行^{りょこう}　　文化^{ぶんか}

① ▢ はどうでしたか。　여행은 어땠어요?

② 韓国語^{かんこくご}、お ▢ ですね。　한국어 잘하시네요.

③ また ▢ です。　또 오고 싶어요.

03 다음 문장을 일본어로 말해 보세요.

▢ 정말 좋았어요.

▢ 오늘은 즐거웠어요.

▢ 한국 문화에 대해 잘 아시네요.

일본어로
술~술~
나올 때까지
연습 또 연습!

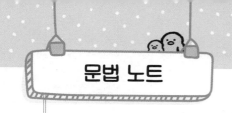

お + 「명사 또는 な형용사」 + ですね。

정중하거나 공손하게 말할 때 단어 앞에 「お」를 붙이는데요, 상대방을 칭찬할 때, 「お上手_{じょうず}ですね。(잘하시네요.)」라고 말하면 됩니다. 명사의 경우에도 「お弁当_{べんとう}(도시락), お電話_{でんわ}(전화), おケーキ(케익)」와 같이 상대방에게 공손하게 말할 때 사용하면 됩니다. 다만 상대방에게 하는 말이 아닌 말을 예쁘게 하기 위해서 별 뜻 없이 습관적으로 단어에 붙여서 「お花_{はな}がきれい!(꽃이 예쁘네!)」처럼 쓰기도 합니다.

예 すごく料理_{りょうり}がお上手_{じょうず}ですね。

굉장히 요리를 잘하시네요.

예 お弁当_{べんとう}がお好_すきですね。

도시락을 좋아하시는군요.

여행 TIP

일본인과의 원활한 소통

일본인들은 아주 사소한 일에도 사과하거나 고마움을 표시하는 경우가 많아요. 그래서 일본에서는 「すみません」, 「どうも」, 「ありがとうございます」란 말을 많이 듣게 되는 거랍니다. 또한 타인에 대해서는 칭찬을 잘 하는데요. 이건 예의상 하는 말이기에 다소 의례적으로 느껴지기도 하죠.

또한 일본인들이 가장 싫어하는 것 중 하나가 타인에게 민폐를 끼치는 것입니다. 특히 공공장소에서 큰소리로 말하거나, 화장실을 더럽게 사용한다든가, 규율에 어긋나는 행동 등을 하면 눈총을 받을 수도 있습니다.

라인 ID를 알려주지 않을래요?

もしよかったら、ラインのＩＤを教^{おし}えてもらえませんか。

いいですよ。

🐱 혹시 괜찮다면, 라인 ID를 알려주지 않을래요?

👧 좋아요.

＊ もし 만약

＊ よかったら 괜찮다면

＊ 教^{おし}える 가르치다, 알리다

180

실전 연습

 세 번씩 따라 말해 보세요.

이거, 제 연락처예요.

▶ mp3 10-14 ✔ 2 3

これ、私の連絡先です。
(わたし、れんらくさき)

私の~ 내~, 제~

교체하기

電話番号 전화번호
(でんわばんごう)

メールアドレス 메일 주소

名刺 명함
(めいし)

트위터를 하세요?

▶ mp3 10-15 1 2 3

ツイッターをやっていますか。

~をやる ~을 하다
~をやっていますか ~을 하고
있어요?

교체하기

フェイスブック 페이스북

インスタグラム 인스타그램(줄여서 インスタ)

ライン 라인

나중에 친구 신청해 둘게요.

▶ mp3 10-16 1 2 3

あとで友達申請しておきますね。
(ともだちしんせい)

あとで 나중에
~ておく ~해 두다

 ~ておきますね ~해 둘게요

ね는 문장 끝에 붙어서 동의, 확인,
다짐, 강조 등의 느낌을 나타낸다.

フォローする 팔로우하다

교체하기

友達に追加して 친구로 추가해
(ともだち、ついか)

招待メールを送って 초대 메일(문자)을 보내
(しょうたい、おく)

インスタをフォローして 인스타그램 팔로우 신청해

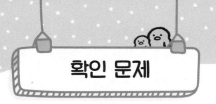
01 다음 단어에 해당하는 뜻을 오른쪽 보기에서 찾아 연결해 보세요.

① 連絡先(れんらくさき)　·

② メールアドレス　·

③ 電話番号(でんわばんごう)　·

· ⓐ 연락처

· ⓑ 명함

· ⓒ 메일 주소

· ⓓ 전화번호

02 다음 빈칸에 알맞은 단어를 써서 문장을 완성하세요.

보기　　教(おし)えて　　して　　やって　　です

① これ、私(わたし)の名刺(めいし) ☐ 。 이거 제 명함이에요.

② 友達(ともだち)に追加(ついか) ☐ おきますね。 친구로 추가해 둘게요.

③ ツイッターを ☐ いますか。 트위터를 하세요?

03 다음 문장을 일본어로 말해 보세요.

☐ 제 연락처입니다.

☐ 메일 주소를 알려주지 않을래요?

☐ 나중에 팔로우 신청해 둘게요.

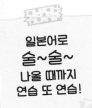

일본어로
술~술~
나올 때까지
연습 또 연습!

もしよかったら 혹시 괜찮으시다면

'만약'이란 말은 「もし」이고, '괜찮으시다면'이란 말은 「よかったら」에요. 이를 합쳐서 「もしよかったら(혹시 괜찮으시다면)」라고 말을 꺼내면, 일본인에게 부담을 주지 않고 조심스럽게 의향을 묻게 되므로 매우 공손한 표현이 됩니다.

(예) もしよかったら、相席できますか。
혹시 괜찮으시다면, 합석할 수 있을까요?

(예) もしよかったら、電話番号を教えてもらえませんか。
혹시 괜찮으시다면 전화번호를 알려주실 수 없나요?

명함 주고 받기

여행지에서 만난 일본 사람과 우연히 대화를 하게 되면, 프라이버시를 침해하는 질문은 하지 않는 게 좋아요. 즉 나이나 결혼 여부, 직업 등 구체적인 개인 신상에 대한 이야기는 피하세요. 이야기가 무르익어서 혹시 명함을 주고 받게 되면, 상대방의 명함을 보면서 이름을 한번 읽거나 「この漢字はどう読みますか。(이 한자는 어떻게 읽나요?)」라고 물어 보는 게 좋아요. 그냥 지갑에 넣으면 성의 없어 보이기 때문에 예의에서 벗어난 행동으로 간주되니 조심하세요. 명함을 받았는데 본인은 여행 중이라 명함이 없을 시에는 「旅行中なので名刺がありません。(여행중이라 명함이 없습니다.)」이라며 양해를 구하세요.

長崎原爆資料館 → 50 m
Nagasaki Atomic Bomb Museum 나가사키 원폭자료관

平和会館 → 200m
Peace Hall 평화회관

野口彌太郎記念美術館 → 200m
Noguchi Yataro Memorial Art Museum 노구치 야타로 기념미술관

내가 지금 어디쯤이지? ㅠㅇㅠ

#여권_분실 #생각만_해도_덜덜

위급할 땐 경찰에게 도움을 청하

큰 병원 갈 일은 없어야 할텐데!

재난대피소도 잘 알아놓자!

 길을 잃음

▶ mp311-01

걸어서 갈 수 있어요?

このホテルまで、歩(ある)いていけますか。

すぐ近(ちか)くなので、一緒(いっしょ)に行(い)きましょう。

🐰 이 호텔까지 걸어서 갈 수 있어요?

 바로 근처니까 같이 가요.

* 歩(ある)く 걷다
* すぐ 바로
* 近(ちか)く 근처
* 명사+なので ~기 때문에
* 行(い)きましょう 갑시다 (行く (가다)의 권유표현)

세 번씩 따라 말해 보세요.

여기에 가고 싶은데, 길을 몰라서…. ▶ mp3 11-02

ここに行きたいんですが、道がわからなくて…。

교체하기

- このホテル 이 호텔
- この店 이 가게
- この美術館 이 미술관

✚ ～に行きたい ～에 가고 싶다

～がわかる ～을(를) 알다

～がわからない ～을(를) 모르다

～がわからなくて ～을(를) 몰라서

'～을 알다'는 「～をわかる」가 아니라 「～がわかる」라고 하는 것에 주의해야 한다.

저 빌딩 옆에 있어요. ▶ mp3 11-03 1 2 3

あのビルの隣にあります。

교체하기

- あの建物の後ろに 저 건물 뒤에
- この道をまっすぐ行くと 이 길을 곧장 가면
- あの角を左に曲がると 저 모퉁이를 왼쪽으로 돌면

✚ ～にあります ～에 있습니다

～と ～하면

「に(～에)」는 위치를 나타내고,
「と(～하면)」는 조건을 나타낸다.

後ろ 뒤 前 앞

左 왼쪽 右 오른쪽

여기는 이 지도에서 어느 부근이에요? ▶ mp3 11-04 1 2 3

ここはこの地図でどの辺ですか。

교체하기

- いまいる場所 지금 있는 장소
- その店 그 가게
- そこ 거기

～で ～에서

いる (사람·동물이) 있다

 ここ 여기　この 이
そこ 거기　その 그
あそこ 저기　あの 저
どこ 어디　どの 어느

01 다음 단어에 해당하는 뜻을 오른쪽 보기에서 찾아 연결해 보세요.

① 歩く　　　　•

② 行く　　　　•

③ 曲がる　　　•

•　ⓐ 가다

•　ⓑ 알다

•　ⓒ 걷다

•　ⓓ 돌다

02 다음 빈칸에 알맞은 단어를 써서 문장을 완성하세요.

> 보기　　　　と　　に　　が　　を

① このホテル [　　　　] 行きたいんですが。　이 호텔에 가고 싶은데요.

② 道 [　　　　] わからなくて…。　길을 몰라서….

③ あの角を右に曲がる [　　　　] あります。

　저 모퉁이를 오른쪽으로 돌면 있어요.

03 다음 문장을 일본어로 말해 보세요.

[　] 걸어서 갈 수 있어요?

[　] 이 길을 곧장 가면 있어요.

[　] 이 지도에서 어느 부근이에요?

일본어로
술~술~
나올 때까지
연습 또 연습!

～まで、歩いていけますか。　～까지 걸어서 갈 수 있어요?

'장소+까지 걸어서 갈 수 있습니까?'라고 해석하면 되는데요. 「まで」는 '～까지'라는 뜻이고, 「歩いて」는 '걸어서'라는 뜻입니다. 여기에 「いけますか」는 '가다'의 가능형입니다.

예 駅まで、歩いていけますか。
역까지 걸어서 갈 수 있습니까?

예 商店街まで、歩いていけますか。
상점가까지 걸어서 갈 수 있나요?

遠くて無理ですよ。
멀어서 무리예요.

파출소 交番

여행을 하다 보면 길을 잃는 경우가 있는데요. 이럴 때는 근처에 '파출소(交番)'가 있으면 거기로 가서 묻는 것이 가장 좋아요. 다만 파출소가 없거나 어플 지도로도 잘 모르겠으면 지나가는 사람에게 약도를 그려달라고 하는 것도 하나의 방법이에요. 그런데 그것도 여의치 않으면 공중전화를 찾아서 빨간 버튼(긴급전화)을 누르고 사정을 이야기하면 되는데요. 이때 일본어를 모르면 경찰통역센터 담당자나 한국어가 가능한 경찰관을 요청하면 됩니다.

 분실 · 도난 사고

▶ mp3 11-05

분실물에 휴대전화는 없었어요?

落(おと)し物(もの)に携帯(けいたい)はありませんでしたか。

もしかしてこの携帯(けいたい)ですか。

はい、そうです。
ありがとうございます。

🦁 분실물에 휴대전화는 없었어요?

👮 혹시 이 휴대전화인가요?

🐵 네, 맞아요. 고맙습니다.

＊ 落(おと)し物(もの) 분실물
＊ 携帯(けいたい) 휴대전화
＊ もしかして 혹시
＊ そうです 그렇습니다

실전 연습

세 번씩 따라 말해 보세요.

가방을 잃어버렸어요. ▶ mp3 11-06 ✔ 2 3

かばんをなくしてしまいました。

교체하기

- パスポート 여권
- お財布^{さいふ} 지갑
- きっぷ 표

なくす 분실하다
～てしまう ～해 버리다
～てしまいました ～해 버렸습니다

➕ 도난을 당했을 때는 「ぬすまれる(도둑맞다)」라는 동사를 사용한다.
かばんをぬすまれてしまいました。 가방을 도둑맞았어요.

택시에 휴대전화를 두고 내려버렸어요. ▶ mp3 11-07 1 2 3

タクシーに携帯^{けいたい}を置^おき忘^{わす}れてしまいました。

교체하기

- バス 버스
- 電車^{でんしゃ}の中^{なか} 전철 안
- レストラン 레스토랑

置^おき忘^{わす}れる (잊어버리고) 두고
오다, 두고 내리다

➕ 휴대전화는 「携帯電話^{けいたいでんわ}」,
줄여서 「携帯^{けいたい}」라고 하며, 「ケ
イタイ」, 「ケータイ」로 표기하기도 한
다. 스마트폰은 「スマートフォン」, 또
는 줄여서 「スマホ」라고 한다.

지갑이 들어 있어요. ▶ mp3 11-08 1 2 3

お財布^{さいふ}が入^{はい}っています。

교체하기

- パスポートも 여권도
- お財布^{さいふ}とパスポートが 지갑과 여권이
- カードと、現金^{げんきん}が2万円^{にまんえん}ぐらい 카드와 현금이 2만엔 정도

入^{はい}る 들다
入^{はい}っている 들어 있다

확인 문제

01 다음 단어에 해당하는 뜻을 오른쪽 보기에서 찾아 연결해 보세요.

① 落し物 •

② かばん •

③ お財布 •

• ⓐ 지갑

• ⓑ 가방

• ⓒ 휴대전화

• ⓓ 분실물

02 다음 빈칸에 알맞은 단어를 써서 문장을 완성하세요.

> 보기   置き忘れて   なくして   盗まれて   入って

① かばんを [   ] しまいました。 가방을 잃어버렸어요.

② お財布が [   ] います。 지갑이 들어 있어요.

③ バスに携帯を [   ] しまいました。

버스에 휴대전화를 두고 내려버렸어요.

03 다음 문장을 일본어로 말해 보세요.

☐ 분실물에 휴대전화는 없었어요?

☐ 여권을 잃어버렸어요.

☐ 지갑과 여권이 들어 있어요.

일본어로
술~술~
나올 때까지
연습 또 연습!

192

문법 노트

〜はありませんでしたか。 ~는 없었어요?

「ありません(없습니다)」에 과거형 「でした」를 붙이고 의문사 「か」를 쓴 형태입니다. 분실물이란 단어가 「忘れ物」도 있으니 이 단어를 사용하여, 「忘れ物はありませんでしたか。(분실물은 없었습니까?)」라고도 말할 수 있어요.

예 怪我はありませんでしたか。

다치지 않았습니까?

예 問題はありませんでしたか。

문제는 없었습니까?

분실 사고

여권을 분실하면 경찰서에 가서 분실 신고서를 작성하고 대한민국 영사관(여권 관련 문의 81-3-3455-2601~3)을 찾아가서 재발급을 받아야 합니다. 만일에 대비해서 여권 사본과 분실 증명서, 사진 2장과 여권 정보를 기록해놓는 것이 좋습니다. 또한 다른 물건을 잃었을 경우에도 경찰서에 신고하거나, 가까운 분실물센터(遺失物センター)를 찾아가 보세요. 만약 그 물건이 여행자 보험에 들어 있다면 경찰서에서 도난 증명서를 발급받아야 보상받을 수 있습니다. 이때 도난 증명서에 '분실'이라고 쓰면 보상받지 못하니 '도난'이라고 써야 합니다. 그 밖에 항공권 분실의 경우에는 항공사로 전화해야 합니다.

아프거나 다침

어젯밤부터 배가 아파요.

mp3 11-09

どうされましたか。

昨日の夜からお腹が痛いんです。

 어디가 불편하세요?

 어젯밤부터 배가 아파요.

* どうされましたか 어디가
안 좋으세요?(どうしました
か 보다 공손한 표현)
* お腹なかが痛いたい 배가
아프다

실전 연습

세 번씩 따라 말해 보세요.

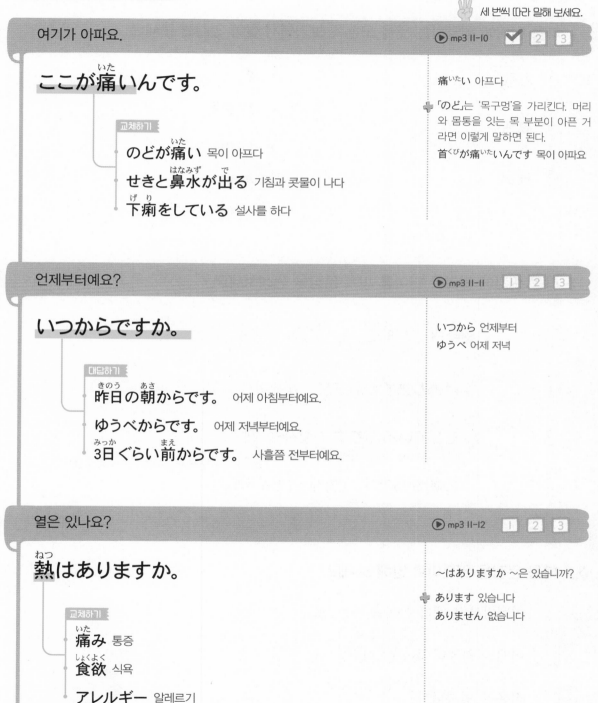

여기가 아파요.

▶ mp3 11-10 ✔ 2 3

ここが痛いんです。

교체하기

- のどが痛い 목이 아프다
- せきと鼻水が出る 기침과 콧물이 나다
- 下痢をしている 설사를 하다

痛い 아프다

➕ 「のど」는 '목구멍'을 가리킨다. 머리와 몸통을 잇는 목 부분이 아픈 거라면 이렇게 말하면 된다.
首が痛いんです 목이 아파요

언제부터예요?

▶ mp3 11-11 1 2 3

いつからですか。

대답하기

- 昨日の朝からです。 어제 아침부터예요.
- ゆうべからです。 어제 저녁부터예요.
- 3日ぐらい前からです。 사흘쯤 전부터예요.

いつから 언제부터
ゆうべ 어제 저녁

열은 있나요?

▶ mp3 11-12 1 2 3

熱はありますか。

교체하기

- 痛み 통증
- 食欲 식욕
- アレルギー 알레르기

～はありますか ～은 있습니까?

➕ あります 있습니다
ありません 없습니다

01 다음 단어에 해당하는 뜻을 오른쪽 보기에서 찾아 연결해 보세요.

① お腹
なか ·

② 鼻水
はなみず ·

③ 食欲
しょくよく ·

· ⓐ 식욕

· ⓑ 콧물

· ⓒ 목

· ⓓ 배

02 다음 빈칸에 알맞은 단어를 써서 문장을 완성하세요.

보기　　今日　昨日　下痢　熱
　　　　きょう　きのう　げり　ねつ

① ☐ はありますか。 열은 있어요?

② ☐ をしているんです。 설사를 해요.

③ ☐ の朝からです。 어제 아침부터입니다.
　　　　あさ

03 다음 문장을 일본어로 말해 보세요.

☐ 어젯밤부터 배가 아파요.

☐ 어제 아침부터 콧물이 나요.

☐ 식욕은 있습니까?

일본어로
술~술~
나올 때까지
연습 또 연습!

문법 노트

〜いたいんです. ~ 아파요.

「いたい」에 「〜んです」를 붙여서 강조하는 표현으로, 주로 몸이 아프다고 말할 때 시용하니 아픈 부위를 말하고 그 뒤에 「〜いたいんです」를 사용하면 됩니다. 즉 「몸(体), 눈(目), 입(口), 귀(耳), 어깨(肩), 다리(足)」 등에 바로 붙여서 말해 보세요.

예 頭がいたいんです.

머리가 아프네요.

예 腰が痛いんです.

허리가 아파요.

병원

비상약을 챙겨갔는데도 급작스럽게 병원에 가야 할 경우가 생기기도 합니다. 응급상황이면 119를 불러서 종합병원으로 가는 게 좋습니다. 수술해야 하거나, 증상을 제대로 설명 못 하는 경우에는 전문 통역사의 도움을 받는 것이 바람직합니다.

만약 여행자 보험을 들었다면 진료 후에 꼭 '영수증(領収書)'과 '진단서(診断書)'를 발급을 받아야 나중에 비용을 돌려받을 수 있습니다.

 사고와 재해

▶ mp3 11-13

좀 도와주시겠어요?

手を貸してもらえませんか。

どうしましたか。

友達が倒れたんです。

 좀 도와주시겠어요?

 왜 그러세요?

친구가 쓰러졌어요!

* 手を貸す 도와주다, 손을 빌리다

* 倒れる 쓰러지다
  倒れた 쓰러졌다

* ~んです ~인 것입니다(사정 설명)

실전 연습

세 번씩 따라 말해 보세요.

파출소는 어디예요?

▶ mp3 11-14 ✔ 2 3

こう ばん
交番はどこですか。

교체하기

びょういん
・ **病院** 병원

やっきょく
・ **薬局** 약국

ひ なんじょ
・ **避難所** 피난소

~はどこですか ~은 어디입니까?

✚ 一番いちばん近ちかい○○はどこです
か。 가장 가까운 ○○은 어디예요?

차에 부딪혔어요.

▶ mp3 11-15 1 2 3

くるま   しょう とつ
車に**衝突**されました。

교체하기

・ **バイク** 오토바이

じ てんしゃ
・ **自転車** 자전거

うし   くるま
・ **後ろの車** 뒤 차

~に衝突しょうとつされる ~에 부딪
히다

음식은 어디서 구해요?

▶ mp3 11-16 1 2 3

た   もの   て   はい
食べ物はどこで**手に入り**ますか。

교체하기

の   もの
・ **飲み物** 음료

みず
・ **水** 물

くすり
・ **薬** 약

手てに入はいる 입수하다, 구하다

---

01 다음 단어에 해당하는 뜻을 오른쪽 보기에서 찾아 연결해 보세요.

① 衝突される · · ⓐ 빌리다

② 倒れる · · ⓑ 구하다

③ 手に入る · · ⓒ 부딪히다

· ⓓ 쓰러지다

02 다음 빈칸에 알맞은 단어를 써서 문장을 완성하세요.

보기　　　手　車　交番　薬局

① ☐ はどこですか。　파출소는 어디예요?

② ☐ に衝突されました。　차에 부딪혔어요.

③ ☐ を貸してもらえませんか。　좀 도와주실래요?

03 다음 문장을 일본어로 말해 보세요.

☐ 자전거에 부딪혔어요.

☐ 친구가 쓰러졌어요.

☐ 물은 어디서 구해요?

일본어로
술~술~
나올 때까지
연습 또 연습!

手を貸してもらえませんか。 도와주실 수 없나요?

도와달라는 표현을 정중하게 표현한 것으로 '좀 도와주실 수 없나요?'로 해석하면
됩니다. 여기서 「手」는 손이란 뜻이지만 '노동력이나 도움'이란 넓은 뜻으로 해석이
가능하고, 「貸す」는 '빌리다'라는 동사로 그 뒤에 「～てもらえませんか」를 붙여서
사용하시면 됩니다. 앞에 「どうか(부디, 제발)」를 붙여서 사용하면 간절한 느낌이
더 강해집니다.

(예) 荷物を運ぶのに手を貸してもらえませんか。

　　짐을 옮기는데 좀 도와주실 수 없나요?

(예) これ、手を貸してもらえませんか。

　　이것 좀 도와주실 수 없나요?

여행 TIP

사고가 났을 때

사고가 나면 당황스럽겠지만, 침착하게 현장 사진을 찍어두
고 바로 경찰(110)을 불러 현장조사를 해야 합니다. 다친 사람
이 있으면 구급차(119)를 부르고 주일 한국대사관(03-3452-
7611/9 휴일 03-6400-0736)에 도움을 요청할 수도 있습니
다. 큰 사고인 경우에는 주위에 구급차와 경찰에 연락해 달라고 요청하거나, 「はやく救急車
を呼んでください(빨리 구급차를 불러주세요)」,「たすけて(살려주세요)!」라고 외치세요.

이제 일상으로 돌아가볼까?

추억을 가지고 한국으로 출발~! #다음날_출근

창가 자리에서
여행의 아쉬움을 달래기~ :)

안녕 일본! 다음에 또 올게!

PART **12**

귀국

귀국 항공권 예약

▶ mp3 12-01

인천행 비행기를 예약하고 싶은데요.

_{インチョン ゆ} _{ひ こう き} _{よ やく}
仁川行きの飛行機を予約したいんですが。

_{しゅっぱつ}
ご出発はいつになさいますか。

_{びん} _{ねが}
あしたの便でお願いします。

🦁 인천행 비행기를 예약하고 싶은데요.

👩 출발은 언제로 하시겠어요?

🦁 내일 비행기로 부탁합니다.

✳ ～行ゆき ～행
✳ いつに 언제로
✳ なさいますか 하시겠습니까?
✳ ～の便びん ～편

204

실전 연습

 세 번씩 따라 말해 보세요.

오후 비행기에 빈자리 있어요?

▶ mp3 12-02

<ruby>午後<rt>ご ご</rt></ruby>の<ruby>便<rt>びん</rt></ruby>に<ruby>空席<rt>くう せき</rt></ruby>はありますか。

空席<rt>くうせき</rt> 공석, 빈자리

~に空席<rt>くうせき</rt>はありますか
~에 빈자리는 있습니까?

교체하기

あしたの<ruby>便<rt>びん</rt></ruby> 내일 비행기

あしたの<ruby>金浦行<rt>キン ポ ゆ</rt></ruby>き 내일 김포행

<ruby>5日<rt>いつか</rt></ruby>の<ruby>仁川行<rt>インチョン ゆ</rt></ruby>き 5일 인천행

하네다에서 삿포로까지 요금은 얼마예요?

▶ mp3 12-03

<ruby>羽田<rt>はね だ</rt></ruby>から<ruby>札幌<rt>さっ ぽろ</rt></ruby>まで、<ruby>料金<rt>りょうきん</rt></ruby>はいくらですか。

➕ 출발지+から ~에서
도착지+まで ~까지

~はいくらですか ~는 얼마입니까?

교체하기

<ruby>片道料金<rt>かたみちりょうきん</rt></ruby> 편도요금

<ruby>往復料金<rt>おうふくりょうきん</rt></ruby> 왕복요금

エコノミークラス 이코노미 석

오전 비행기로 부탁합니다.

▶ mp3 12-04

<ruby>午前<rt>ご ぜん</rt></ruby>の<ruby>便<rt>びん</rt></ruby>で<ruby>お願<rt>ねが</rt></ruby>いします。

~でおねがいします ~으로 부탁
합니다, ~으로 주세요
~をおねがいします ~을 부탁합니다

교체하기

<ruby>一番早<rt>いちばんはや</rt></ruby>い<ruby>便<rt>びん</rt></ruby> 제일 빠른 비행기

<ruby>往復<rt>おうふく</rt></ruby> 왕복

<ruby>帰<rt>かえ</rt></ruby>りはオープン 돌아오는 건 오픈

확인 문제

01 다음 단어에 해당하는 뜻을 오른쪽 보기에서 찾아 연결해 보세요.

① 空席(くうせき)   •

② 片道(かたみち)   •

③ 予約(よやく)   •

•   ⓐ 예약

•   ⓑ 빈자리

•   ⓒ 왕복

•   ⓓ 편도

02 다음 빈칸에 알맞은 단어를 써서 문장을 완성하세요.

보기   料金(りょうきん)   便(びん)   行(ゆ)き   往復(おうふく)

① 5日(いつか)の仁川(インチョン) [　　　] に空席(くうせき)はありますか。

5일 인천행에 빈자리 있어요?

② 片道(かたみち) [　　　] はいくらですか。   편도요금은 얼마예요?

③ 午後(ごご)の [　　　] でおねがいします。   오후 비행기로 부탁해요.

03 다음 문장을 일본어로 말해 보세요.

☐ 인천행 비행기를 예약하고 싶은데요.

☐ 내일 비행기에 빈자리 있어요?

☐ 오전 비행기로 부탁해요.

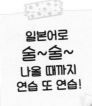
일본어로
술~술~
나올 때까지
연습 또 연습!

～を予約したいんですが。 ～을 예약하고 싶은데요.

일본어로 '예약하다'는 「予約する」라고 하고, 「予約したい」는 '예약하고 싶다'는 뜻이에요. 이 표현은 숙소나 식당 예약, 항공권 예매를 할 때 사용합니다.

예 部屋を予約したいんですが。
　　방을 예약하고 싶은데요.

예 飛行機のきっぷを予約したいんですが。
　　비행기표를 예매하고 싶은데요.

항공권 구입

보통 해외여행 시에 왕복항공권을 사게 되는데, 일정이 확실하지 않은 경우에는 편도를 끊거나 오픈 티켓을 끊는 경우가 있는데, 오픈 티켓은 출국하기 2주일 전에 날짜를 결정해서 해당 항공사에 출국일을 예약해야 합니다. 한편 비행기 티켓을 구입할 때 영문 이름을 사용하는데, 여권상의 영문 표기와 한 글자라도 틀리거나 여권번호를 틀리게 기재한 경우에는 출국할 수 없으니 반드시 확인을 해야 합니다.

mp3 12-05

02

좀 더 빠른 비행기를 타고 싶은데요.

もう少^{すこ}し早^{はや}い便^{びん}に乗^のりたいんですが。

午後^{ご ご}3時^{さん じ}の便^{びん}でしたら
変更^{へん こう}が可能^{か のう}です。

では、その便^{びん}でおねがいします。

🦁 좀 더 빠른 비행기를 타고 싶은데요.

👩 오후 3시 비행기라면 변경이 가능합니다.

🦁 그럼 그 비행기로 부탁해요.

* もう少^{すこ}し 조금 더
* 〜に乗^のりたい 〜을 타고
  싶다
* 〜でしたら 〜라면
* では 그럼

208

세 번씩 따라 말해 보세요.

예약 변경을 부탁하고 싶은데요. ▶ mp3 12-06 ✔ 2 3

予約の変更をお願いしたいんですが。

교체하기

- フライトの変更 비행기 변경
- 日にちの変更 날짜 변경
- 出発日の変更 출발일 변경

~をお願いしたいんですが
~을 부탁하고 싶은데요

➕ 予約のキャンセルをお願いしたいんですが。
예약 취소를 부탁하고 싶은데요.

며칠 비행기로 변경하시겠습니까? ▶ mp3 12-07 1 2 3

何日の便に変更なさいますか。

교체하기

- どの便 어느 비행기
- どの時間帯の飛行機 어느 시간대 비행기
- どちらの席 어느 쪽 자리

変更なさる 변경하시다
~に変更なさいますか
~으로 변경하시겠습니까?

➕ 「変更なさる」는 「変更する(변경하다)」의 높임말로, 「変更なさいますか」는 「変更しますか」를 보다 정중하게 표현한 것이다.

7일 비행기를 8일 비행기로 변경할 수 있어요? ▶ mp3 12-08 1 2 3

7日の便を8日の便に変更できますか。

교체하기

- 2時の便を6時の便 2시 비행기를 6시 비행기
- 窓側の席を通路側の席 창가 자리를 통로 쪽 자리
- エコノミーをビジネス 이코노미를 비즈니스

変更できる 변경할 수 있다
~を~に変更できますか
~을 ~로 변경할 수 있습니까?

➕ 「変更できる」는 「変更する(변경하다)」의 가능 표현.

확인 문제

01 다음 단어에 해당하는 뜻을 오른쪽 보기에서 찾아 연결해 보세요.

① 日にち •

     • ⓐ 날짜

     • ⓑ 며칠

② 変更 •

     • ⓒ 취소

③ キャンセル •

     • ⓓ 변경

02 다음 빈칸에 알맞은 단어를 써서 문장을 완성하세요.

> 보기   何日   日にち   窓側   通路側

① ☐ の変更をおねがいしたいんですが。

날짜 변경을 부탁하고 싶은데요.

② ☐ の便に変更なさいますか。 며칠 비행기로 변경하시겠습니까?

③ ☐ の席に変更できますか。 통로 쪽 자리로 변경할 수 있어요?

03 다음 문장을 일본어로 말해 보세요.

☐ 예약 변경을 부탁하고 싶은데요.

☐ 좀 더 빠른 비행기를 타고 싶은데요.

☐ 6시 비행기로 변경할 수 있어요?

일본어로
술~술~
나올 때까지
연습 또 연습!

문법 노트

～に乗^のりたいんですが。 ~를 탔으면 하는데요.

「～に乗りたいんですが」는 '～를 탔으면 좋겠는데요'라는 표현으로, 우리말로는 '～를 타야 하는데요'라고 해석하면 됩니다. 교통수단을 탈 때 사용하는 조사는 「を (을)」가 아닌 「に」라는 점에 주의해야 하고, 「のりたい(타고 싶다)」에 「～んですが (～인데요)」를 붙여서 완곡하게 씁니다.

㉑ あのう、朝一の飛行機に乗りたいんですが。
　　저기요, 아침 첫 비행기를 탔으면 하는데요.

㉑ 明日の最後便に乗りたいんですが。
　　내일 마지막 비행기를 탔으면 하는데요.

항공권 변경

여행할 때 대부분은 왕복표를 사지만 부득이하게 비행기 표를 변경해야 하는 경우가 생기기도 합니다. 만약 한국에서 여행사를 통해 예약과 발권을 한 경우에는 그 여행사의 한국 전화번호나 해당 국가에 있는 항공사 서비스센터(일본어 이외에 영어나 한국어 지원 서비스가 제공됨)에 연락해서 예약을 변경하면 됩니다. 단 구매한 항공권에 따라 변경이 불가능하거나, 변경 시 추가 요금을 지불해야 하는 경우도 있으니 사전에 꼭 확인해 두는 게 필요합니다.

*일본에 있는 우리나라 항공사 서비스센터 연락처

대한항공 0088-21-2001 또는 06-6264-3311

아시아나항공 0570-082-555

 mp3 12-09

내용물을 줄이고 올게요.

 ３^{さん}キロほどオーバーしていますね。

そうですか。中身^{なかみ}を減^へらしてきます。

3킬로 정도 초과네요.

 그래요? 내용물을 줄이고 올게요.

* **キロ** 킬로(그램)
* **オーバーする** 초과하다
* **中身**^{なかみ} 내용물
* **減**^へ**らしてくる** 줄이고 오다

실전 연습

세 번씩 따라 말해 보세요.

저기요, 출발로비는 어디예요?

 mp3 12-10

すみません、出発ロビーはどこですか。

교체하기

● ABC航空のチェックインカウンター
ABC항공 체크인 카운터

● 国際線の乗り継ぎカウンター
국제선 환승 카운터

● ２３番ゲート 23번 게이트

~はどこですか ~은 어디입니까?
乗のり継つぎ 환승

➕ '어느 쪽'인지 물어볼 때는 「どこ」 대신 「どちら」를 쓰면 된다.

창가 쪽 자리를 부탁해요.

 mp3 12-11

窓側の席をお願いします。

교체하기

● 通路側の席 통로 쪽 자리

● 前の方の席 앞쪽 자리

● 入口の近くの席 입구 근처 자리

~をお願ねがいします ~을 부탁해요, ~을 주세요

➕ 만약 앞쪽 창가 자리를 원한다면 이렇게 말하면 된다.
前まえの方ほうの窓側まどがわをおねがいします。 앞쪽 창가 쪽을 주세요.

짐은 이것뿐입니다.

 mp3 12-12

荷物はこれだけです。

교체하기

● 全部でふたつ 전부 둘

● スーツケースひとつ 여행가방 하나

● ダンボールひとつとスーツケースひとつ
상자 하나와 여행가방 하나

荷物にもつ 짐
~だけ ~ 뿐
全部ぜんぶで 전부(해서)

➕ 「お荷物にもつはございますか(짐 있으세요?)」라고 물어봤을 때 만약 부칠 짐이 없다면 「ありません(없어요)」이라고 답하면 된다.

확인 문제

01 다음 단어에 해당하는 뜻을 오른쪽 보기에서 찾아 연결해 보세요.

① 荷物 [にもつ] •

② 中身 [なかみ] •

③ 航空 [こうくう] •

• ⓐ 짐

• ⓑ 내용물

• ⓒ 공항

• ⓓ 항공

02 다음 빈칸에 알맞은 단어를 써서 문장을 완성하세요.

보기 　出発 [しゅっぱつ]　全部 [ぜんぶ]　窓側 [まどがわ]　通路側 [つうろがわ]

① 荷物 [にもつ] は 　　　　　 でふたつだけです.　짐은 전부 두 개뿐입니다.

② 　　　　　 の席 [せき] をおねがいします.　창가 쪽 자리를 부탁해요.

③ 　　　　　 ロビーはどこですか.　출발 로비는 어디예요?

03 다음 문장을 일본어로 말해 보세요.

☐ 내용물을 줄이고 올게요.

☐ 앞쪽 자리를 부탁해요.

☐ 짐은 여행가방 하나뿐입니다.

일본어로
술~술~
나올 때까지
연습 또 연습!

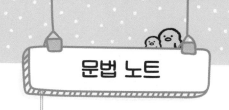

문법 노트

～てきます。　～(하)고 올게요.

동사 뒤에 「～てきます」를 붙이면 '～(하)고 오겠습니다'라는 표현이 됩니다. 무엇인가를 하고 오겠다고 할 때 사용하면 되니 다양하게 연습해 보세요. 즉 「ちょっとトイレに行ってきます。(잠깐 화장실에 다녀올게요.)」, 「飲み物を買ってきます。(마실 것을 사올게요.)」와 같이 응용해 보세요.

예 荷物を持ってきます。

　　짐을 갖고 올게요.

예 カウンターの様子を見てきます。

　　카운터의 상황을 보고 오겠습니다.

수하물 규정

최근 들어 모든 공항에서 여행객의 짐에 대한 규정이 엄격하고 까다로운 것이 사실이에요. 특히 일본은 원칙을 중시하기 때문에 규정에 맞게 짐을 잘 정리하는 것이 좋습니다. 그렇지 않은 경우에는 탑승 수속이 지연되는 등의 낭패를 보기도 합니다. 예를 들어 나리타국제공항의 수하물 규정은 ①무료 기내 휴대 수하물은 부피 20X40X55cm, 전체 무게 10kg을 초과할 수 없고, ②무료 위탁 수하물은 일반석 23kg(유아 10kg), 프레스티지석 32kg, 일등석 32kg(항공사마다 규정이 다를 수 있음)입니다. 수하물 무게가 초과되면 kg당 일반석은 비용을 추가로 지불해야 해요.

비행기를 놓쳐 버렸는데요.

飛行機に乗り遅れてしまったんですが。

申し訳ありませんが、次の飛行機のチケットをご購入ください。

비행기를 놓쳐 버렸는데요.

죄송하지만, 다음 비행기 표를 구입해 주세요.

＊ ～に乗り遅れる ～을 놓치다

＊ 申し訳ありませんが 죄송하
지만(공손한 표현)

＊ ご+한자어+ください ～해 주십시오

실전 연습

세 번씩 따라 말해 보세요.

다음 비행기는 몇 시예요?

▶ mp3 12-14 ✔ 2 3

次の便は何時ですか。
つぎ びん なん じ

교체하기

次の仁川行き 다음 인천행
つぎ インチョン ゆ

最終便 마지막 비행기
さいしゅうびん

あしたの朝一の便 내일 아침 첫 비행기
あさいち びん

次つぎの 다음
何時なんじですか 몇 시입니까?

➕ 次つぎの便びんにまだ空席くうせきはあ
りますか 다음 비행기에 아직 빈자
리 있어요?

저어, 탑승 개시는 아직인가요?

▶ mp3 12-15 1 2 3

あのう、搭乗開始はまだですか。
とうじょうかい し

교체하기

出発 출발
しゅっぱつ

離陸 이륙
り りく

到着 도착
とうちゃく

〜はまだですか 〜은 아직입니까?

정각대로 출발할 예정입니다.

▶ mp3 12-16 1 2 3

定刻通りに出発する予定です。
てい こく どお しゅっぱつ よ てい

교체하기

15分ほど遅れて 15분 정도 늦게
じゅうごふん おく

30分ほど遅れて 30분 정도 늦게
さんじゅっぷん おく

2時間ほど遅れて 2시간 정도 늦게
に じ かん おく

〜通どおりに 〜대로
〜予定よていです 〜할 예정입니다
遅おくれて 늦게, 지연되어

➕ 何時なんじの出発しゅっぱつになりますか
몇 시에 출발하게 되나요?

01 다음 단어에 해당하는 뜻을 오른쪽 보기에서 찾아 연결해 보세요.

① 搭乗 (とうじょう)   •

② 出発 (しゅっぱつ)   •

③ 予定 (よてい)   •

• ⓐ 출발

• ⓑ 도착

• ⓒ 예정

• ⓓ 탑승

02 다음 빈칸에 알맞은 단어를 써서 문장을 완성하세요.

> 보기   朝一 (あさいち)   遅れて (おくれて)   搭乗 (とうじょう)   最終便 (さいしゅうびん)

① あしたの ☐☐☐☐ の便 (びん)は何時 (なんじ)ですか。

   내일 아침 첫 비행기는 몇 시예요?

② ☐☐☐☐ 開始 (かいし)はまだですか。 탑승 개시는 아직인가요?

③ 15分 (じゅうごふん)ほど ☐☐☐☐ 出発 (しゅっぱつ)する予定 (よてい)です。

   15분 정도 늦게 출발할 예정입니다.

03 다음 문장을 일본어로 말해 보세요.

☐ 비행기를 놓쳐 버렸는데요.

☐ 다음 인천행은 몇 시예요?

☐ 출발은 아직인가요?

> 일본어로
> 술~술~
> 나올 때까지
> 연습 또 연습!

〜に乗り遅れてしまったんですが。 ~를 못 탔는데 어떻게 하죠?

비행기나 버스, 전철 등을 못 탔을 경우에 사용하는 표현으로 '~를 못 탔는데 어떻게 하죠?'라는 뉘앙스입니다. 「乗り遅れる」는 '타지 못하다'라는 복합 동사이고, 「〜てしまった(〜해 버렸다)」는 완료의 표현으로 '(그런 일이) 벌어지고야 말았다'라는 의미로 쓰입니다. 뒤에 「〜んですが」를 붙여서 완곡하게 표현합니다.

예 予約した新幹線に乗り遅れてしまったんですが。

예약한 신칸센을 놓쳤는데요 (어떻게 하죠?).

예 終電に乗り遅れてしまったんですが。

마지막 전철(막차)를 못 탔는데요 (어떻게 하죠?).

항공편을 놓쳤다면

뜻하지 않게 공항에 늦게 도착하거나 공항 내 면세점에서 쇼핑 시간을 지체하다가 비행기를 타지 못할 수도 있는데, 이럴 경우에는 예약 대기자 명단에 이름을 올려서 다음 비행 편에 빈자리가 났을 때, 탑승하거나 항공권을 새로 구입해서 탑승해야 합니다. 저가 항공사 항공권은 환불이나 변경이 안 될 수 있고, 각종 수수료가 비쌀 수 있으니 항공사에 문의해서 확인해야 합니다.

한편 연휴기간이나 휴가철, 기상 악화 등으로 탑승과 이륙이 지연되거나 결항되는 경우에는 안내방송이 나오므로, 이를 잘 듣고 원래 구매했던 항공권의 카운터에 문의하여 대체 방법을 빠르게 찾도록 해야 합니다. 탑승 지연의 이유로 들을 수 있는 단어로는 悪天候(악천후), 大雪(폭설), 大雨(폭우), 強い風(강풍), 濃い霧(짙은 안개), 機材故障(기체 고장) 등이 있습니다.

확인 문제 정답

PART 02

01 인사

문제 1

① ⓒ

② ⓐ

③ ⓑ

문제 2

① おはよう

② では

③ どうも

문제 3

① じゃあね。

② 助かりました。

③ こんばんは。

02 날씨

문제 1

① ⓑ

② ⓐ

③ ⓒ

문제 2

① 雪だ

② どう

③ あつい

문제 3

① いい天気ですね。

② 今日はさむいですね。

③ 明日は雨だそうです。

03 숫자와 화폐

문제 1

① ⓑ

② ⓐ

③ ⓒ

문제 2

① いくら

② 預かり

③ お返し

문제 3

① 全部で2000円になります。

② 3千円、お預かりします。

③ 100円のお返しです。

04 날짜와 시간

문제 1

① ⓓ

② ⓑ

③ ⓐ

문제 2

① 私

② いつ

③ 四月三日

문제 3

① いつ空港に行きますか。

② 私は9月7日に行きます。

③ 今日は木曜日です。

PART 03

01 자리 찾기

문제 1

① ⓑ

② ⓐ

③ ⓓ

문제 2

① 非常口

② その席

③ こちら

문제 3

① お手洗いはどこですか。

② この席はどこですか。

③ 私も同じ番号なんですが。

02 기내 서비스 이용

문제 1

① ⓓ

② ⓒ

③ ⓐ

문제 2

① お茶

② 毛布

③ 胃腸薬

문제 3

① コーヒーをおねがいします。

② ビールはありますか。

③ お水をいただけますか。

03 입국 심사

문제 1

① ⓓ

② ⓒ

③ ⓑ

문제 2

① 目的

② どこ

③ どのくらい

문제 3

① 観光です。

② このホテルです。

③ 1週間くらいです。

04 공항 안내소 문의

문제 1

① ⓑ

② ⓓ

③ ⓐ

문제 2

① のりば

② どこで

③ この階

문제 3

① リムジンバスのきっぷを買いたいんですが。

② きっぷうりばはどこですか。

③ この階にコンビニはありますか。

PART 04

이 전철

문제 1

① ⓒ

② ⓑ

③ ⓓ

문제 2

① 乗れば

② 乗り換えれば

③ 出れば

문제 3

① 何線に乗り換えればいいですか。

② 次の電車に乗ればいいですか。

③ この電車は新宿駅まで行きますか。

02 버스

문제 1

① ⓓ

② ⓒ

③ ⓑ

문제 2

① 乗って

② ないんですが

③ 降りて

문제 3

① あのバスに乗ってください。

② 小銭しかないんですが。

③ 次で降りてください。

03 택시

문제 1

① ⓓ

② ⓐ

③ ⓒ

문제 2

① まで

② どのくらい

③ 間に合う

문제 3

① このホテルまでお願いします。

② どのくらいかかりますか。

③ ここで止めてください。

04 기차

문제 1

① ⓒ

② ⓑ

③ ⓐ

문제 2

① きっぷ

② 大阪行き

③ 窓側

문제 3

① ご出発はいつですか。

② 指定席でお願いします。

③ 名古屋行きは何番ホームですか。

PART 05

01 체크인

문제 1

① ⓑ

② ⓐ

③ ⓒ

문제 2

① 部屋

② 朝食

③ 上の階

문제 3

① 予約したライオンです。

② チェックインをおねがいします。

③ チェクアウトは何時までですか。

02 시설 · 주변 정보 얻기

문제 1

① ⓐ

② ⓓ

③ ⓒ

문제 2

① どこ

② おすすめ

③ 有名な

문제 3

① コインランドリーはどこですか。

② この近くにドラックストアはありますか。

③ この辺りにおいしいラーメン屋はありますか。

03 문제 해결

문제 1

① ⓓ

② ⓒ

③ ⓐ

문제 2

① つかない

② ない

③ 出ない

문제 3

① ３０４号室ですが。

② タオルがないんですが。

③ お湯が出ないんですが。

04 체크아웃

문제 1

① ⓑ

② ⓒ

③ ⓐ

문제 2

① 間違って

② 預かって

③ 一括

문제 3

① クレジットカードは使えますか。

② 3回払いでお願いします。

③ この荷物を預かっていただけますか。

PART 06

01 안내 받기

문제 1

① ⓓ

② ⓒ

③ ⓐ

문제 2

① テーブル席

② カウンター

③ 座敷

문제 3

① 3人です。

② 禁煙席でお願いします。

③ ご案内いたします。

02 주문

문제 1

① ⓓ

② ⓑ

③ ⓐ

문제 2

① たまご

② 日替わり

③ 少なめで

문제 3

① 人気メニューは何ですか。

② 日替わり定食をひとつお願いします。

③ エビが入っていますか。

03 문제 해결

문제 1

① ⓐ

② ⓓ

③ ⓑ

문제 2

① 取り皿

② 来ない

③ くずして

문제 3

① 新しいお箸もらえますか。

② これを千円札に替えてもらえますか。

③ デザートがまだ来ないんですが。

04 계산

문제 1

① ⓓ

② ⓒ

③ ⓐ

문제 2

① 使えます

② 別々で

③ ごちそうさま

문제 3

① お会計をお願いします。

② カードでもいいですか。

③ おいしかったです。

PART 07

이 패스트푸드점

문제 1

① ⓒ

② ⓓ

③ ⓑ

문제 2

① 抜いて

② 召し上がり

③ 持ち帰り

문제 3

① チーズバーガーセットをふたつください。

② ひとつはピクルスを抜いてください。

③ コーラーのLサイズでお願いします。

02 카페

문제 1

① ⓒ

② ⓓ

③ ⓐ

문제 2

① 多め

② 変更

③ Sサイズ

문제 3

① アイスじゃなくて、ホットを頼んだんですが。

② ホイップは抜きにしてもらえますか。

③ Lサイズでおねがいします。

03 술집

문제 1

① ⓑ

② ⓓ

③ ⓐ

문제 2

① 1杯

② 1本

③ ひとつ

문제 3

① とりあえず、生ビールをみっつください。

② イモ焼酎を水割りでお願いします。

③ ねぎまのタレを3本ください。

04 편의점

문제 1

① ⓐ

② ⓒ

③ ⓑ

문제 2

① お弁当

② お箸

③ 袋

문제 3

① いいえ、温めなくても大丈夫です。

② お箸はいくつお付けしますか。

③ 現金でお願いします。

PART 08

01 관광 안내소

문제 1

① ⓓ

② ⓐ

③ ⓑ

문제 2

① おすすめ

② マップ

③ 借りる

문제 3

① 地図を探しているんですが。

② この辺りに見るところはありますか。

③ ここでツアーの申し込みはできますか。

02 관광 명소 구경

문제 1

① ⓑ

② ⓓ

③ ⓒ

문제 2

① 入口

② 韓国語

③ 公演

문제 3

① あそこの建物は何ですか。

② お土産屋さんはどこですか。

③ 花火大会は何時からですか。

03 사진 촬영

문제 1

① ⓑ

② ⓒ

③ ⓐ

문제 2

① 教えて

② 撮っても

③ 撮りたい

문제 3

① ここで写真を撮ってもいいですか。

② 写真を撮ってもらえませんか。

③ インスタ映えスポットを教えてください。

04 온천 즐기기

문제 1

① ⓓ

② ⓒ

③ ⓐ

문제 2

① 男湯

② 可能

③ 最高

문제 3

① 石けんはありますか。

② いい湯だなあ。

③ 何時まで入浴可能ですか。

PART 09

이 드럭스토어

문제 1

① ⓒ

② ⓐ

③ ⓑ

문제 2

① 売れて

② 探して

③ どこに

문제 3

① 湿布がほしいんですが。

② 風邪薬はどこにありますか。

③ 腰痛に効く薬を探しているんですが。

02 옷·신발 가게

문제 1

① ⓑ

② ⓒ

③ ⓐ

문제 2

① 大きい

② 試着して

③ 履いて

문제 3

① このTシャツ、試着してもいいですか。

② これと同じもので、色違いはありますか。

③ これ、23.5センチはありますか。

03 계산과 포장

문제 1

① ⓒ

② ⓑ

③ ⓓ

문제 2

① 免税

② ラッピング

③ クーポン

문제 3

① このポイントは使えますか。

② いいえ、持っていません。

③ 免税でお願いします。

04 교환과 환불

문제 1

① ⓓ

② ⓐ

③ ⓑ

문제 2

① 交換

② 買った

③ 換えて

문제 3

① これ、返品できますか。

② これ、きのうここで買ったんですが。

③ ひとつ上のサイズに換えてもらえますか。

PART 10

01 말문 트기
문제 1
① ⓓ
② ⓒ
③ ⓑ
문제 2
① 天気
② 方
③ 席
문제 3
① ここに座ってもいいですか。
② いい景色ですね。
③ 外国の方ですか。

02 자기소개
문제 1
① ⓓ
② ⓒ
③ ⓑ
문제 2
① 初めて
② 観光
③ 友達
문제 3
① キム・ジスといいます。
② 韓国から来ました。
③ どうぞよろしくおねがいします。

03 칭찬
문제 01
① ⓓ
② ⓒ
③ ⓑ
문제 2
① 旅行
② 上手
③ 来たい
문제 3
① とてもよかったです。
② 今日はとても楽しかったです。
③ 韓国の文化にお詳しいんですね。

04 연락처 교환
문제 1
① ⓐ
② ⓒ
③ ⓓ
문제 2
① です
② して
③ やって
문제 3
① 私の連絡先です。
② メールアドレスを教えてもらえませんか。
③ あとでフォローしておきますね。

PART II

01 길을 잃음

문제 1

① ⓒ

② ⓐ

③ ⓓ

문제 2

① に

② が

③ と

문제 3

① 歩いていけますか。

② この道をまっすぐ行くとあります。

③ この地図でどの辺ですか。

02 분실·도난 사고

문제 1

① ⓓ

② ⓑ

③ ⓐ

문제 2

① なくして

② 入って

③ 置き忘れて

문제 3

① 落し物に携帯はありませんでしたか。

② パスポートをなくしてしまいました。

③ お財布とパスポートが入っています。

03 아프거나 다침

문제 1

① ⓓ

② ⓑ

③ ⓐ

문제 2

① 熱

② 下痢

③ 昨日

문제 3

① 昨日の夜からお腹が痛いんです。

② 昨日の朝から鼻水が出るんです。

③ 食欲はありますか。

04 사고와 재해

문제 1

① ⓒ

② ⓓ

③ ⓑ

문제 2

① 交番

② 車

③ 手

문제 3

① 自転車に衝突されました。

② 友達が倒れたんです。

③ 水はどこで手に入りますか。

PART 12

01 귀국 항공권 예약

문제 1

① ⓑ

② ⓓ

③ ⓐ

문제 2

① 行き

② 料金

③ 便

문제 3

① 仁川行きの飛行機を予約したいんですが。

② あしたの便に空席はありますか。

③ 午前の便でお願いします。

02 항공권 예약 변경

문제 1

① ⓐ

② ⓓ

③ ⓒ

문제 2

① 日にち

② 何日

③ 通路側

문제 3

① 予約の変更をお願いしたいんですが。

② もう少し早い便に乗りたいんですが。

③ 6時の便に変更できますか。

03 탑승 수속

문제 1

① ⓐ

② ⓑ

③ ⓓ

문제 2

① 全部

② 窓側

③ 出発

문제 3

① 中身を減らしてきます。

② 前の方の席をお願いします。

③ 荷物はスーツケースひとつだけです。

04 탑승 지연 및 비행기 놓침

문제 1

① ⓓ

② ⓐ

③ ⓒ

문제 2

① 朝一

② 搭乗

③ 遅れて

문제 3

① 飛行機に乗り遅れてしまったんですが。

② 次の仁川行きは何時ですか。

③ 出発はまだですか。

하루 한 장 쓰기노트

현지에서 바로 써먹는 여행 회화 패턴

가장 쉬운 여행 일본어

동양북스

8주 완성! 학습 스케줄

WEEK 1

1일	PART 01 일본어의 발음	01. 일본어 문자
2일	PART 01 일본어의 발음	02. 히라가나
3일	PART 01 일본어의 발음	03. 탁음, 요음, 촉음, 장음
4일	PART 01 일본어의 발음	04. 가타가나
5일	PART 02 기본 표현	01. 인사
6일	PART 02 기본 표현	02. 날씨

WEEK 2

7일	PART 02 기본 표현	03. 숫자와 화폐
8일	PART 02 기본 표현	04. 날짜와 시간
9일	PART 03 출발	01. 자리 찾기
10일	PART 03 출발	02. 기내 서비스 이용
11일	PART 03 출발	03. 입국 심사
12일	PART 03 출발	04. 공항 안내소 문의

WEEK 3

13일	PART 04 교통수단	01. 지하철
14일	PART 04 교통수단	02. 버스
15일	PART 04 교통수단	03. 택시
16일	PART 04 교통수단	04. 기차
17일	PART 05 숙소	01. 체크인
18일	PART 05 숙소	02. 시설·주변 정보 얻기

WEEK 4

19일	PART 05 숙소	03. 문제 해결
20일	PART 05 숙소	04. 체크아웃
21일	PART 06 식당I	01. 안내 받기
22일	PART 06 식당I	02. 주문
23일	PART 06 식당I	03. 문제 해결
24일	PART 06 식당I	04. 계산

PART 1

□ 히라가나 쓰기

□ 가타카나 쓰기

히라가나

あ	あ	あ	あ	あ	あ
い	い	い	い	い	い
う	う	う	う	う	う
え	え	え	え	え	え
お	お	お	お	お	お

か　か　か　か　か　か

き　き　き　き　き　き

く　く　く　く　く　く

け　け　け　け　け　け

こ　こ　こ　こ　こ　こ

さ	さ	さ	さ	さ	さ
し	し	し	し	し	し
す	す	す	す	す	す
せ	せ	せ	せ	せ	せ
そ	そ	そ	そ	そ	そ

た	た	た	た	た	た
ち	ち	ち	ち	ち	ち
つ	つ	つ	つ	つ	つ
て	て	て	て	て	て
と	と	と	と	と	と

な	な	な	な	な	な
に	に	に	に	に	に
ぬ	ぬ	ぬ	ぬ	ぬ	ぬ
ね	ね	ね	ね	ね	ね
の	の	の	の	の	の

は | は | は | は | は | は

ひ | ひ | ひ | ひ | ひ | ひ

ふ | ふ | ふ | ふ | ふ | ふ

へ | へ | へ | へ | へ | へ

ほ | ほ | ほ | ほ | ほ | ほ

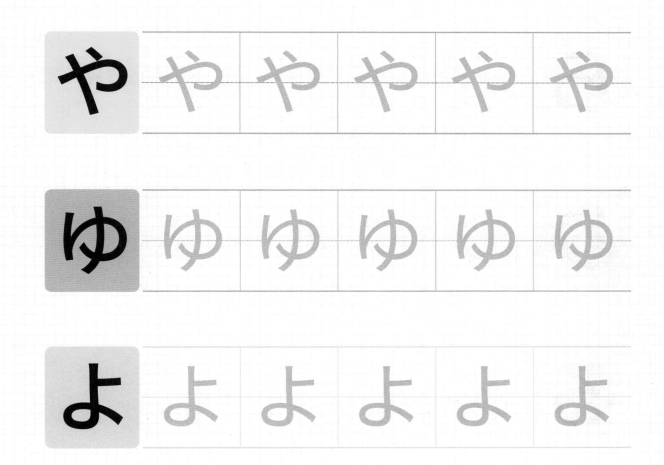

ら	ら	ら	ら	ら	ら

り	り	り	り	り	り

る	る	る	る	る	る

れ	れ	れ	れ	れ	れ

ろ	ろ	ろ	ろ	ろ	ろ

わ	わ	わ	わ	わ	わ

を	を	を	を	を	を

ん	ん	ん	ん	ん	ん

가타카나

ア　ア　ア　ア　ア　ア

イ　イ　イ　イ　イ　イ

ウ　ウ　ウ　ウ　ウ　ウ

エ　エ　エ　エ　エ　エ

オ　オ　オ　オ　オ　オ

カ カ カ カ カ カ

キ キ キ キ キ キ

ク ク ク ク ク ク

ケ ケ ケ ケ ケ ケ

コ コ コ コ コ コ

サ	サ	サ	サ	サ	サ
シ	シ	シ	シ	シ	シ
ス	ス	ス	ス	ス	ス
セ	セ	セ	セ	セ	セ
ソ	ソ	ソ	ソ	ソ	ソ

タ	タ	タ	タ	タ	タ
チ	チ	チ	チ	チ	チ
ツ	ツ	ツ	ツ	ツ	ツ
テ	テ	テ	テ	テ	テ
ト	ト	ト	ト	ト	ト

ナ	ナ	ナ	ナ	ナ	ナ	ナ

ニ	ニ	ニ	ニ	ニ	ニ	ニ

ヌ	ヌ	ヌ	ヌ	ヌ	ヌ

ネ	ネ	ネ	ネ	ネ	ネ

ノ	ノ	ノ	ノ	ノ	ノ

ハ	ハ	ハ	ハ	ハ	ハ
ヒ	ヒ	ヒ	ヒ	ヒ	ヒ
フ	フ	フ	フ	フ	フ
ヘ	ヘ	ヘ	ヘ	ヘ	ヘ
ホ	ホ	ホ	ホ	ホ	ホ

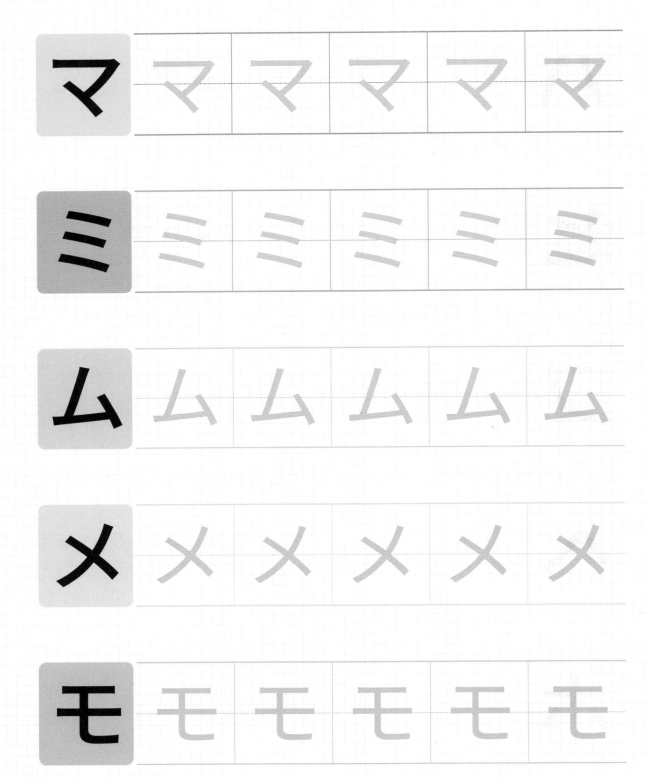

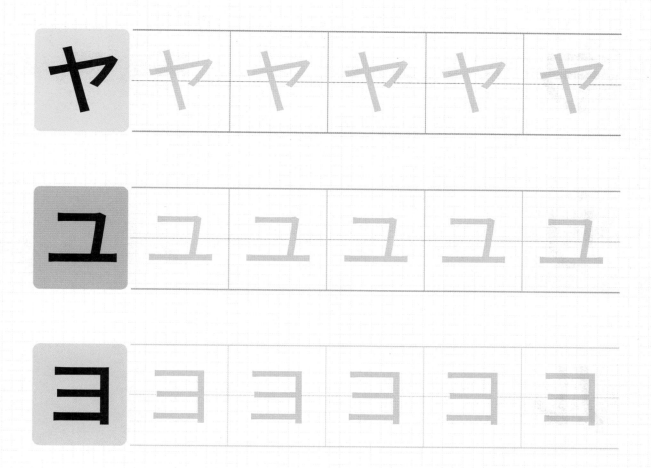

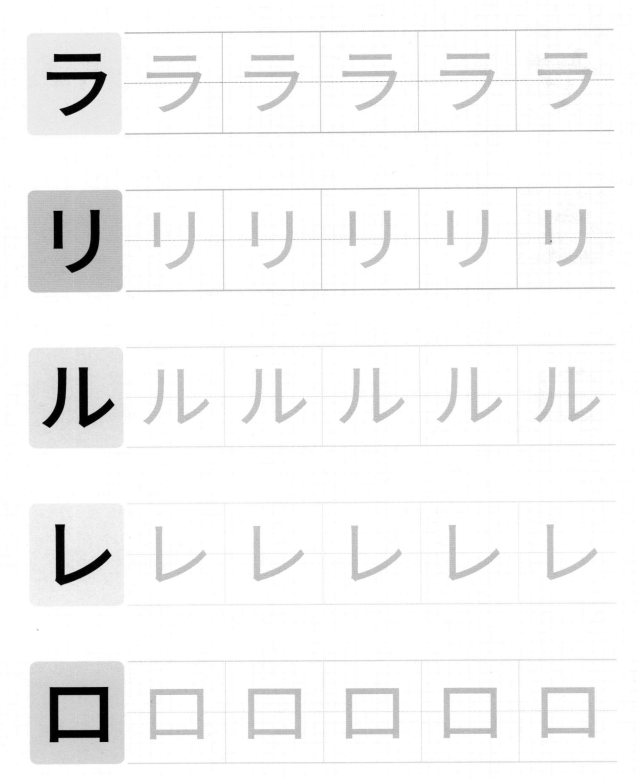

ワ ワ ワ ワ ワ ワ

ヲ ヲ ヲ ヲ ヲ ヲ

ン ン ン ン ン ン

NOTE

PART 2

Day 01 안녕하세요.

 단어 쓰기

こんばんは　　こんばんは　　こんばんは
안녕하세요(저녁 인사)

こんにちは　　こんにちは　　こんにちは
안녕하세요(낮 인사)

문장 쓰기

☑ こんにちは。　　　　　　　　　　　　　　　　　안녕하세요.

② こんにちは。

③ こんにちは。

☑ さようなら。　　　　　　　　　　　　　　　　　안녕히 가세요.

② さようなら。

③ さようなら。

☑ ありがとうございます。　　　　　　　　　　감사합니다.

② ありがとうございます。

③ ありがとうございます。

Day 02 날씨가 참 좋네요.

雨 雨 雨
비　　あめ　　あめ

雪 雪 雪
눈　　ゆき　　ゆき

☑ 今日はあついですね。　　오늘은 덥네요.
② 今日はあついですね。
③ 今日はあついですね。

☑ 明日は雨だそうです。　　내일은 비가 내린다고 해요.
② 明日は雨だそうです。
③ 明日は雨だそうです。

☑ 地震が起きたら、どうしますか。　　지진이 일어나면 어떻게 해요?
② 地震が起きたら、どうしますか。
③ 地震が起きたら、どうしますか。

Day 03 이것은 얼마입니까?

税込み 税込み 税込み

세금 포함 ぜい こ ぜい こ

朝食付き 朝食付き 朝食付き

조식 포함 ちょうしょく つ ちょうしょく つ

☑ 全部で3200円になります。 　　　　전부 합해서 3200엔입니다.

② 全部で3200円になります。

③ 全部で3200円になります

☑ 千円、お預かりします。 　　　　　1000엔 받았습니다.

② 千円、お預かりします。

③ 千円、お預かりします。

☑ 230円のお返しです。 　　　　　　거스름돈 230엔입니다.

② 230円のお返しです。

③ 230円のお返しです。

Day 04 저는 5월 9일에 도쿄에 갑니다.

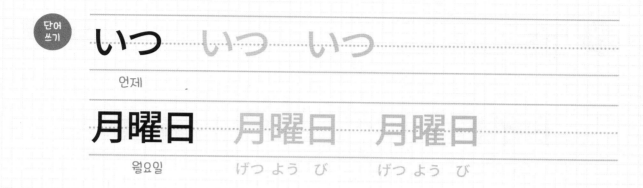

단어 쓰기

いつ　　いつ　いつ
언제

月曜日　月曜日　月曜日
월요일　　げつ よう び　　げつ よう び

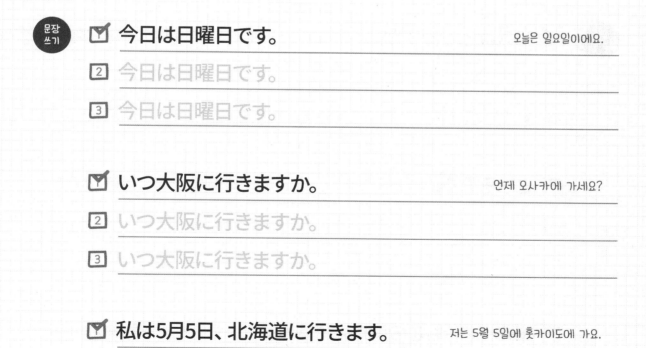

문장 쓰기

☑ 今日は日曜日です。　　　　　　　　　오늘은 일요일이에요.

2 今日は日曜日です。

3 今日は日曜日です。

☑ いつ大阪に行きますか。　　　　　　　언제 오사카에 가세요?

2 いつ大阪に行きますか。

3 いつ大阪に行きますか。

☑ 私は5月5日、北海道に行きます。　　저는 5월 5일에 홋카이도에 가요.

2 私は5月5日、北海道に行きます。

3 私は5月5日、北海道に行きます。

31

Day 05 이 자리는 어디예요?

단어 쓰기

席　席　席
자리　せき　せき

トイレ　トイレ　トイレ
화장실

문장 쓰기

☑ **10Aはどこですか。**　　　　　　　10A는 어디예요?

2　10Aはどこですか。

3　10Aはどこですか。

☑ **こちらです。**　　　　　　　이쪽입니다.

2　こちらです。

3　こちらです。

☑ **あのう、私もこの席なんですが。**　　저어, 저도 이 자리인데요.

2　あのう、私もこの席なんですが。

3　あのう、私もこの席なんですが。

Day 06 커피를 주세요.

**단어
쓰기**

ビール　ビール　ビール
맥주

コーヒー　コーヒー　コーヒー
커피

**문장
쓰기**

☑ お茶をお願いします。　　　　　　　　　차를 주세요.

② お茶をお願いします。

③ お茶をお願いします。

☑ お水をいただけますか。　　　　　　　물 좀 주시겠어요?

② お水をいただけますか。

③ お水をいただけますか。

☑ ビールはありますか。　　　　　　　　맥주는 있어요?

② ビールはありますか。

③ ビールはありますか。

Day 07 관광입니다.

観光　観光　観光
관광　　かん こう　　かん こう

ホテル　ホテル　ホテル
호텔

☑ どこに泊まる予定ですか。　　　　　어디에서 묵을 예정이에요?

② どこに泊まる予定ですか。

③ どこに泊まる予定ですか。

☑ 2日(間)です。　　　　　이틀(간)입니다.

② 2日(間)です。

③ 2日(間)です。

☑ このホテルです。　　　　　(숙소 정보를 보여주며) 이 호텔입니다.

② このホテルです。

③ このホテルです。

Day 08 리무진 버스 표를 사고 싶은데요.

コンビニ　　コンビニ　コンビニ

편의점

コインロッカー　コインロッカー

코인로커

☑ リムジンバスののりばはどこですか。　리무진 버스 타는 곳은 어디예요?

② リムジンバスののりばはどこですか。

③ リムジンバスののりばはどこですか。

☑ この階にコンビニはありますか。　이 층에 편의점이 있어요?

② この階にコンビニはありますか。

③ この階にコンビニはありますか。

스카이라이너 표는 어디서 살 수 있어요?

☑ スカイライナーのきっぷはどこで買えますか。

② スカイライナーのきっぷはどこで買えますか。

③ スカイライナーのきっぷはどこで買えますか。

35

Day 09 이 전철은 신주쿠역까지 가나요?

乗り換える 乗り換える 乗り換える
갈아타다 　　　の　　か　　　　の　　か

出る 出る 出る
나가다 　　で　　　で

☑ **次の電車に乗ればいいですか。**　　　다음 전철을 타면 되나요?

② 次の電車に乗ればいいですか。

③ 次の電車に乗ればいいですか。

☑ **次の駅で乗り換えればいいですか。**　　　다음 역에서 갈아타면 되나요?

② 次の駅で乗り換えればいいですか。

③ 次の駅で乗り換えればいいですか。

☑ **どの出口から出ればいいですか。**　　　어느 출구에서 나가면 되나요?

② どの出口から出ればいいですか。

③ どの出口から出ればいいですか。

36

Day 10 저 버스를 타세요.

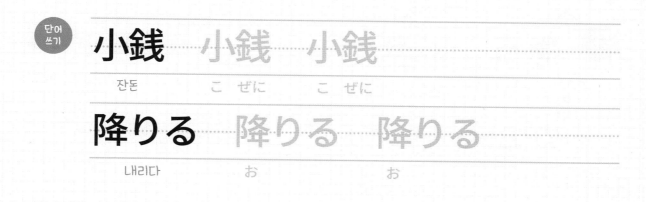

단어쓰기

小銭　　小銭　　小銭
잔돈　　　こ ぜに　　こ ぜに

降りる　　降りる　　降りる
내리다　　　お　　　　　お

문장쓰기

☑ あのバスに乗ってください。　　　　저 버스를 타세요.
② あのバスに乗ってください。
③ あのバスに乗ってください。

☑ ここで降りてください。　　　　여기에서 내리세요.
② ここで降りてください。
③ ここで降りてください。

☑ 1万円札しかないんですが。　　　만 엔짜리 지폐밖에 없는데요.
② 1万円札しかないんですが。
③ 1万円札しかないんですが。

37

Day 11 앞으로, 얼마나 걸려요?

思う　思う　思う
생각하다　　おも　　　　おも

かかる　かかる　かかる
소요되다, 걸리다

☑ ここまでお願いします。　(주소를 보여주며) 여기까지 가 주세요.
② ここまでお願いします。
③ ここまでお願いします。

1시 비행기 시간에 맞출 수 있을까요?
☑ 1時のフライトに間に合うでしょうか。
② 1時のフライトに間に合うでしょうか。
③ 1時のフライトに間に合うでしょうか。

☑ ここで止めてください。　여기서 세워 주세요.
② ここで止めてください。
③ ここで止めてください。

Day 12 　내일 아침 8시 표로 주세요.

自由席　自由席　自由席
자유석　　　　じ ゆう せき　　じ ゆう せき

指定席　指定席　指定席
지정석　　　　し てい せき　　し てい せき

☑ 指定席でお願いします。　　　　　　　　　지정석으로 주세요.

② 指定席でお願いします。

③ 指定席でお願いします。

☑ 名古屋行きは何番ホームですか。　　　나고야행은 몇 번 플랫폼입니까?

② 名古屋行きは何番ホームですか。

③ 名古屋行きは何番ホームですか。

☑ 窓側の席をください。　　　　　　　　　　창가 쪽 자리를 주세요.

② 窓側の席をください。

③ 窓側の席をください。

Day 13 예약한 라이언입니다.

 **단어
쓰기**

予約 予約 予約
예약   よ やく   よ やく

チェックイン チェックイン
체크인

 **문장
쓰기**

☑ **無料のWi-Fiはありますか。**　　　　　무료 와이파이는 있어요?

② 無料のWi-Fiはありますか。

③ 無料のWi-Fiはありますか。

☑ **朝食は何時からですか。**　　　　　아침 식사는 몇 시부터예요?

② 朝食は何時からですか。

③ 朝食は何時からですか。

☑ **上の階(の部屋)をお願いできますか。**　　위층 (방)을 부탁해도 될까요?

② 上の階(の部屋)をお願いできますか。

③ 上の階(の部屋)をお願いできますか。

40

Day 14 이 부근에 맛있는 라멘 가게 있어요?

スーパー スーパー スーパー

슈퍼마켓

ドラックストア ドラックストア

드럭스토어

☑ 売店はどこですか。 매점은 어디예요?

2 売店はどこですか。

3 売店はどこですか。

☑ この近くにコンビニはありますか。 이 근처에 편의점은 있습니까?

2 この近くにコンビニはありますか。

3 この近くにコンビニはありますか。

이 주변에 추천할 만한 카레 가게 있어요?

☑ この辺におすすめのカレー屋はありますか。

2 この辺におすすめのカレー屋はありますか。

3 この辺におすすめのカレー屋はありますか。

Day 15 화장실 전기가 켜지지 않는데요.

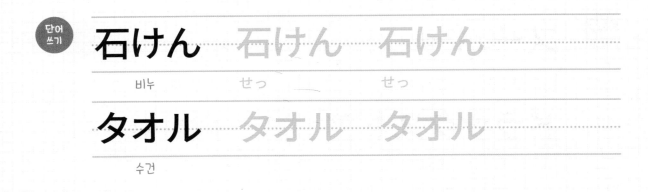

**단어
쓰기**

石けん　石けん　石けん
비누　　せっ　　せっ

タオル　タオル　タオル
수건

**문장
쓰기**

☑ フロントでございます。　　　　　　　　프런트입니다.

② フロントでございます。

③ フロントでございます。

☑ タオルがないんですが。　　　　　　　수건이 없는데요.

② タオルがないんですが。

③ タオルがないんですが。

☑ シャワーのお湯が出ないんですが。　샤워기에서 온수가 나오지 않는데요.

② シャワーのお湯が出ないんですが。

③ シャワーのお湯が出ないんですが。

Day 16   신용카드는 사용할 수 있어요?

단어 쓰기

現金　　現金　　現金

현금　　げんきん　　げんきん

支払い　　支払い　　支払い

지불　　しはら　　しはら

문장 쓰기

☑ 現金でお願いします。　　　　　　　　현금으로 할게요.

② 現金でお願いします。

③ 現金でお願いします。

☑ 計算に間違いがあるようなんですが。　계산에 착오가 있는 것 같은데요.

② 計算に間違いがあるようなんですが。

③ 計算に間違いがあるようなんですが。

☑ これを預かっていただけますか。　　　이걸 좀 맡아 주실래요?

② これを預かっていただけますか。

③ これを預かっていただけますか。

Day 17 세 사람이에요.

禁煙席　禁煙席　禁煙席
금연석　　きん えん せき　きん えん せき

テーブル席　テーブル席　テーブル席
테이블석　　　　　せき　　　　　せき

흡연석과 금연석이 있습니다만, 어느 쪽이 좋으세요?

☑ **喫煙席と禁煙席がございますが、どちらがよろしいですか。**

2 喫煙席と禁煙席がございますが、どちらがよろしいですか。

3 喫煙席と禁煙席がございますが、どちらがよろしいですか。

☑ **禁煙席でお願いします。**　　金연석으로 부탁해요.

2 禁煙席でお願いします。

3 禁煙席でお願いします。

☑ **カウンターでもよろしいですか。**　카운터라도 괜찮으시겠어요?

2 カウンターでもよろしいですか。

3 カウンターでもよろしいですか。

Day 18 오늘의 정식 A세트 하나 주세요.

 단어 쓰기

メニュー ~~メニュー~~ ~~メニュー~~

메뉴

デザート デザート デザート

디저트

문장 쓰기

☑ **日替わりメニューは何ですか。** 오늘의 메뉴는 뭐예요?

② 日替わりメニューは何ですか。

③ 日替わりメニューは何ですか。

☑ **普通でお願いします。** 보통으로 주세요.

② 普通でお願いします。

③ 普通でお願いします。

☑ **これにビーナッツが入っていますか。** 여기에 땅콩이 들어 있어요?

② これにビーナッツが入っていますか。

③ これにビーナッツが入っていますか。

Day 19 고등어 소금구이를 시켰는데요.

단어 쓰기

来る 来る 来る
오다　　　く　　　く

新しい 新しい 新しい
새롭다　　あたら　　　あたら

문장 쓰기

☑ デザートがまだ来ないんですが。　　디저트가 아직 나오지 않는데요.

② デザートがまだ来ないんですが。

③ デザートがまだ来ないんですが。

저기요, 새 젓가락 좀 줄 수 있나요?

☑ すみません、新しいお箸もらえますか。

② すみません、新しいお箸もらえますか。

③ すみません、新しいお箸もらえますか。

이걸 1,000엔짜리 지폐로 바꿔 줄 수 있나요?

☑ これを千円札に替えてもらえますか。

② これを千円札に替えてもらえますか。

③ これを千円札に替えてもらえますか。

Day 20   잘 먹었습니다. 맛있었어요.

레시ート   レシート   レシート

영수증

お会計   お会計   お会計

계산   かい けい   かい けい

☑ お会計をお願いします。   계산 부탁해요.

② お会計をお願いします。

③ お会計をお願いします。

☑ お会計はご一緒でよろしいですか。   계산은 같이 해드려도 괜찮을까요?

② お会計はご一緒でよろしいですか。

③ お会計はご一緒でよろしいですか。

☑ クレジットカードは使えますか。   신용카드는 사용할 수 있어요?

② クレジットカードは使えますか。

③ クレジットカードは使えますか。

Day 21 하나는 양파를 빼고 주세요.

단어 쓰기

トマト　トマト　トマト

토마토

レタス　レタス　レタス

양상추

문장 쓰기

☑ サラダでお願いします。　　　　　　　　　　샐러드로 주세요.

② サラダでお願いします。

③ サラダでお願いします。

☑ 玉ねぎ抜きでお願いします。　　　　　　　양파 빼고 주세요.

② 玉ねぎ抜きでお願いします。

③ 玉ねぎ抜きでお願いします。

☑ 店内でお召し上がりですか。　　　　　　　가게 안에서 드십니까?

② 店内でお召し上がりですか。

③ 店内でお召し上がりですか。

Day 22 아이스가 아니라 따뜻한 걸 시켰는데요.

アイス　アイス　アイス

아이스

紅茶　紅茶　紅茶

홍차　　こう ちゃ　　こう ちゃ

☑ **Sサイズでお願いします。**　　　　　S (스몰) 사이즈로 주세요.

② Sサイズでお願いします。

③ Sサイズでお願いします。

☑ **ホイップは多めにしてもらえますか。**　휘핑크림을 많이 주실 수 있나요?

② ホイップは多めにしてもらえますか。

③ ホイップは多めにしてもらえますか。

☑ **ホットをアイスに変更できますか。**　따뜻한 것을 아이스로 변경할 수 있나요?

② ホットをアイスに変更できますか。

③ ホットをアイスに変更できますか。

Day 23 우선, 생맥주 셋 주세요.

生ビール　生ビール　生ビール
생맥주　　　なま　　　　なま

日本酒　日本酒　日本酒
일본술　　　に ほん しゅ　　に ほん しゅ

☑ **イモ焼酎をロックでお願いします。**　　　고구마 소주를 온더록으로 주세요.

② イモ焼酎をロックでお願いします。

③ イモ焼酎をロックでお願いします。

☑ **おすすめの地ビールはありますか。**　　　추천하는 로컬 맥주 있어요?

② おすすめの地ビールはありますか。

③ おすすめの地ビールはありますか。

여기요, 생맥주 500 하나 더 주세요.

☑ **すみません、生中、もうひとつお願いします。**

② すみません、生中、もうひとつお願いします。

③ すみません、生中、もうひとつお願いします。

Day 24 데우지 않아도 괜찮아요.

 단어쓰기

お弁当 お弁当 お弁当
도시락 　　べん とう　　べん とう

ストロー ストロー ストロー
빨대

 문장쓰기

☑ 袋に入れてください。　　　　봉투에 담아주세요.
② 袋に入れてください。
③ 袋に入れてください。

☑ お箸をお付けしますか。　　　젓가락을 드릴까요?
② お箸をお付けしますか。
③ お箸をお付けしますか。

☑ スイカでお願いします。　　　스이카(교통카드)로 계산할게요.
② スイカでお願いします。
③ スイカでお願いします。

51

Day 25 지도를 찾고 있는데요.

단어
쓰기

地図　地図　地図
지도　ちず　ちず

申し込み　申し込み　申し込み
신청　もうこ　もうこ

문장
쓰기

저기요, 관광안내를 받을 수 있을까요?

☑ すみません、観光案内をいただけますか。

② すみません、観光案内をいただけますか。

③ すみません、観光案内をいただけますか。

☑ この辺りに温泉はありますか。　이 주변에 온천이 있어요?

② この辺りに温泉はありますか。

③ この辺りに温泉はありますか。

☑ ここでツアーの申し込みはできますか。　여기서 투어 신청할 수 있어요?

② ここでツアーの申し込みはできますか。

③ ここでツアーの申し込みはできますか。

Day 26 저기 화려한 건물은 뭐죠?

花火大会 　花火大会　花火大会
불꽃놀이　　はな　び　たい　かい　　はな　び　たい　かい

お土産　　お土産　　お土産
기념품　　　　みやげ　　　　みやげ

すみません、入り口はどこですか。　　저기요, 입구는 어디예요?

2 すみません、入り口はどこですか。

3 すみません、入り口はどこですか。

レンタサイクルはありますか。　　자전거 대여소 있어요?

2 レンタサイクルはありますか。

3 レンタサイクルはありますか。

公演は何時から何時までですか。　　공연은 몇 시부터 몇 시까지예요?

2 公演は何時から何時までですか。

3 公演は何時から何時までですか。

Day 27 사진 좀 찍어주지 않을래요?

단어 쓰기

写真　写真　写真
사진　しゃ しん　しゃ しん

撮影　撮影　撮影
촬영　さつ えい　さつ えい

문장 쓰기

☑ ここで写真を撮ってもいいですか。　　여기서 사진을 찍어도 돼요?

② ここで写真を撮ってもいいですか。

③ ここで写真を撮ってもいいですか。

이 야경을 배경으로 해서 찍고 싶은데요.

☑ この夜景をバックにして撮りたいんですが。

② この夜景をバックにして撮りたいんですが。

③ この夜景をバックにして撮りたいんですが。

사진 찍기 좋은 명소를 알려 주세요.

☑ おすすめの撮影スポットを教えてください。

② おすすめの撮影スポットを教えてください。

③ おすすめの撮影スポットを教えてください。

Day 28 날씨도 좋고, 노천탕 최고야!

단어쓰기		
温泉 온천	温泉 おん せん	温泉 おん せん
入浴 입욕	入浴 にゅう よく	入浴 にゅう よく

문장쓰기

☑ タオルはありますか。 수건은 있어요?

② タオルはありますか。

③ タオルはありますか。

☑ 女湯はどこにありますか。 여탕은 어디에 있어요?

② 女湯はどこにありますか。

③ 女湯はどこにありますか。

☑ 何時まで入浴可能ですか。 몇 시까지 입욕 가능한가요?

② 何時まで入浴可能ですか。

③ 何時まで入浴可能ですか。

Day 29 클렌징품을 사고 싶은데요.

お菓子　お菓子　お菓子
과자　　　か　し　　　か　し

湿布　湿布　湿布
파스　　しっ ぷ　　しっ ぷ

☑ すみません、湿布はどこにありますか。　　저기요, 파스는 어디에 있어요?

2 すみません、湿布はどこにありますか。

3 すみません、湿布はどこにありますか。

☑ これを探しているんですが。　　　　(사진을 보여주며) 이걸 찾고 있는데요.

2 これを探しているんですが。

3 これを探しているんですが。

이 중에서 제일 잘 듣는 건 어느 거예요?

☑ この中で、一番よく効くのはどれですか。

2 この中で、一番よく効くのはどれですか。

3 この中で、一番よく効くのはどれですか。

Day 30 이 티셔츠 입어 봐도 돼요?

サンダル　サンダル　サンダル

샌들

ブーツ　ブーツ　ブーツ

부츠

문장쓰기

☑ **この靴、履いてみてもいいですか。**　　이 신발, 신어 봐도 돼요?

2 この靴、履いてみてもいいですか。

3 この靴、履いてみてもいいですか。

☑ **これ、ひとつ大きいものはありますか。**　이거, 한 사이즈 큰 거 있어요?

2 これ、ひとつ大きいものはありますか。

3 これ、ひとつ大きいものはありますか。

이것과 같은 걸로 다른 색깔은 있어요?

☑ **これと同じもので、色違いはありますか。**

2 これと同じもので、色違いはありますか。

3 これと同じもので、色違いはありますか。

Day 31　아뇨, 안 갖고 있어요.

 プレゼント　プレゼント　プレゼント

선물

ポイント　ポイント　ポイント

포인트

 ☑ **免税できますか。**　면세로 살 수 있어요?

② 免税できますか。

③ 免税できますか。

☑ **このクーポンを使えますか。**　이 쿠폰을 사용할 수 있어요?

② このクーポンを使えますか。

③ このクーポンを使えますか。

☑ **ラッピングしていただけますか。**　포장해 주실래요?

② ラッピングしていただけますか。

③ ラッピングしていただけますか。

Day 32 　이거 반품할 수 있어요?

換える　換える　換える
교환하다　　　　　か　　　　　　か

返品する　返品する　返品する
반품하다　　　　　へん ぴん　　　　　　へん ぴん

☑️ これ、昨日ここで買ったんですが。　　　이거, 어제 여기서 샀는데요.

② これ、昨日ここで買ったんですが。

③ これ、昨日ここで買ったんですが。

☑️ ほかのものと交換したいんですが。　　　다른 것과 교환하고 싶은데요.

② ほかのものと交換したいんですが。

③ ほかのものと交換したいんですが。

하나 위 사이즈로 바꿔 줄래요?

☑️ ひとつ上のサイズに換えてもらえますか。

② ひとつ上のサイズに換えてもらえますか。

③ ひとつ上のサイズに換えてもらえますか。

Day 33 여기는 자리 비었나요?

お天気 お天気 お天気
날씨 　　　　てん　き　　　　てん　き

外国 外国 外国
외국 　　　がい こく　　がい こく

☑ ここに座ってもいいですか。 　　　　여기에 앉아도 될까요?

② ここに座ってもいいですか。

③ ここに座ってもいいですか。

☑ いい景色ですね。 　　　　경치가 좋네요.

② いい景色ですね。

③ いい景色ですね。

☑ 外国の方ですか。 　　　　외국 분이세요?

② 外国の方ですか。

③ 外国の方ですか。

Day 34 · 김지수라고 해요.

家族 家族 家族
가족 　 か ぞく 　 か ぞく

友達 友達 友達
친구 　 とも だち 　 とも だち

☑ **韓国から来ました。** 　 한국에서 왔어요.

② 韓国から来ました。

③ 韓国から来ました。

☑ **観光で来ました。** 　 관광차 왔어요.

② 観光で来ました。

③ 観光で来ました。

☑ **日本は(今回が)初めてです。** 　 일본은 (이번이) 처음이에요.

② 日本は(今回が)初めてです。

③ 日本は(今回が)初めてです。

Day 35　일본어, 잘하시네요.

よかった　　よかった　　よかった
좋았다

楽しかった　　楽しかった　　楽しかった
즐거웠다　　　　　たの　　　　　　たの

☑ 韓国の文化にお詳しいんですね。　　　한국 문화에 대해 잘 아시네요.

② 韓国の文化にお詳しいんですね。

③ 韓国の文化にお詳しいんですね。

☑ 旅行はどうでしたか。　　　　　　　　여행은 어땠어요?

② 旅行はどうでしたか。

③ 旅行はどうでしたか。

☑ 今日はとても楽しかったです。　　　오늘은 정말 즐거웠어요.

② 今日はとても楽しかったです。

③ 今日はとても楽しかったです。

Day 36 라인 ID를 알려주지 않을래요?

連絡先　連絡先　連絡先
연락처　れん らく さき　れん らく さき

メールアドレス　メールアドレス
메일 주소

☑ これ、私の連絡先です。　　　　　　　　　이거, 제 연락처예요.

② これ、私の連絡先です。

③ これ、私の連絡先です。.

☑ ツイッターをやっていますか。　　　　　　트위터를 하세요?

② ツイッターをやっていますか。

③ ツイッターをやっていますか。

☑ あとで友達申請しておきますね。　　　　나중에 친구 신청해 둘게요.

② あとで友達申請しておきますね。

③ あとで友達申請しておきますね。

Day 37 걸어서 갈 수 있어요?

 단어 쓰기

歩く   歩く   歩く
걷다   ある   ある

曲がる   曲がる   曲がる
돌다   ま   ま

문장 쓰기

☑ ここに行きたいんですが、道がわからなくて…。

여기에 가고 싶은데, 길을 몰라서….

② ここに行きたいんですが、道がわからなくて…。

③ ここに行きたいんですが、道がわからなくて…。

☑ あのビルの隣にあります。

저 빌딩 옆에 있어요.

② あのビルの隣にあります。

③ あのビルの隣にあります。

☑ ここはこの地図でどの辺ですか。

여기는 이 지도에서 어느 부근이에요?

② ここはこの地図でどの辺ですか。

③ ここはこの地図でどの辺ですか。

Day 38 분실물에 휴대전화는 없었어요?

落し物　　落し物　　落し物
분실물　　おと　もの　　おと　もの

財布　　財布　　財布
지갑　　さい　ふ　　さい　ふ

☑ かばんをなくしてしまいました。
　　　　　　　　　　　　　　　　　가방을 잃어버렸어요.

② かばんをなくしてしまいました。

③ かばんをなくしてしまいました。

택시에 휴대전화를 두고 내려버렸어요.

☑ タクシーに携帯を置き忘れてしまいました。

② タクシーに携帯を置き忘れてしまいました。

③ タクシーに携帯を置き忘れてしまいました。

☑ お財布が入っています。
　　　　　　　　　　　　　　　　　지갑이 들어 있어요.

② お財布が入っています。

③ お財布が入っています。

Day 39 어젯밤부터 배가 아파요.

鼻水	鼻水	鼻水
콧물	はな みず	はな みず

食欲	食欲	食欲
식욕	しょくよく	しょくよく

☑ ここが痛いんです。 　　　　　　　여기가 아파요.

② ここが痛いんです。

③ ここが痛いんです。

☑ いつからですか。 　　　　　　　언제부터예요?

② いつからですか。

③ いつからですか。

☑ 熱はありますか。 　　　　　　　열은 있나요?

② 熱はありますか。

③ 熱はありますか。

Day 40 좀 도와주시겠어요?

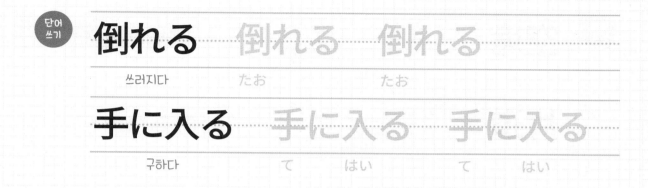

단어 쓰기

倒れる　　倒れる　　倒れる
쓰러지다　　たお　　　たお

手に入る　手に入る　手に入る
구하다　　　て　　はい　　て　　はい

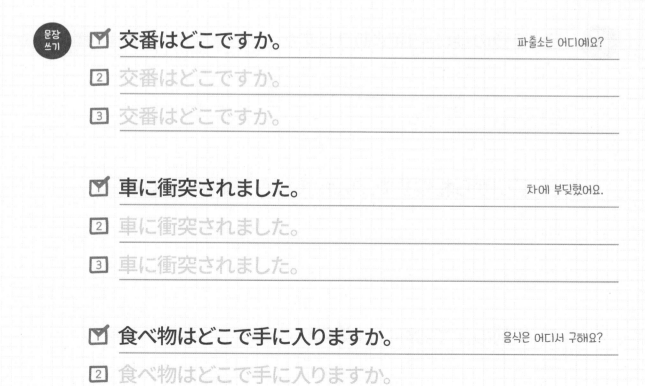

문장 쓰기

☑ 交番はどこですか。　　　　　　　　　파출소는 어디예요?

② 交番はどこですか。

③ 交番はどこですか。

☑ 車に衝突されました。　　　　　　　차에 부딪혔어요.

② 車に衝突されました。

③ 車に衝突されました。

☑ 食べ物はどこで手に入りますか。　　음식은 어디서 구해요?

② 食べ物はどこで手に入りますか。

③ 食べ物はどこで手に入りますか。

Day 41　인천행 비행기를 예약하고 싶은데요.

단어
쓰기

空席　空席　空席
　빈자리　　くう せき　　くう せき

片道　片道　片道
　편도　　かた みち　　かた みち

문장
쓰기

☑ 午後の便に空席はありますか。　　　오후 비행기에 빈자리 있어요?

2　午後の便に空席はありますか。

3　午後の便に空席はありますか。

하네다에서 삿포로까지 요금은 얼마예요?

☑ 羽田から札幌まで、料金はいくらですか。

2　羽田から札幌まで、料金はいくらですか。

3　羽田から札幌まで、料金はいくらですか。

☑ 午前の便でお願いします。　　　오전 비행기로 부탁합니다.

2　午前の便でお願いします。

3　午前の便でお願いします。

Day 42 좀 더 빠른 비행기를 타고 싶은데요.

変更
변경

変更　変更
へんこう　へんこう

キャンセル
취소

キャンセル　キャンセル

☑ 予約の変更をお願いしたいんですが。　　예약 변경을 부탁하고 싶은데요.

② 予約の変更をお願いしたいんですが。

③ 予約の変更をお願いしたいんですが。

☑ 何日の便に変更なさいますか。　　며칠 비행기로 변경하시겠습니까?

② 何日の便に変更なさいますか。

③ 何日の便に変更なさいますか。

7일 비행기를 8일 비행기로 변경할 수 있어요?

☑ 7日の便を8日の便に変更できますか。

② 7日の便を8日の便に変更できますか。

③ 7日の便を8日の便に変更できますか。

Day 43 내용물을 줄이고 올게요.

 단어 쓰기

荷物 ···· 荷物 ···· 荷物 ····
짐   に もつ   に もつ

中身 ···· 中身 ···· 中身 ····
내용물   なか み   なか み

문장 쓰기

☑ すみません、出発ロビーはどこですか。   저기요, 출발로비는 어디예요?

2 すみません、出発ロビーはどこですか。

3 すみません、出発ロビーはどこですか。

☑ 窓側の席をお願いします。   창가 쪽 자리를 부탁해요.

2 窓側の席をお願いします。

3 窓側の席をお願いします。

☑ 荷物はこれだけです。   짐은 이것뿐입니다.

2 荷物はこれだけです。

3 荷物はこれだけです。

Day 44 비행기를 놓쳐 버렸는데요.

단어 쓰기

搭乗	搭乗	搭乗
탑승	とうじょう	とうじょう

出発	出発	出発
출발	しゅっぱつ	しゅっぱつ

문장 쓰기

☑ 次の便は何時ですか。 다음 비행기는 몇 시예요?

② 次の便は何時ですか。

③ 次の便は何時ですか。

☑ あのう、搭乗開始はまだですか。 저어, 탑승 개시는 아직인가요?

② あのう、搭乗開始はまだですか。

③ あのう、搭乗開始はまだですか。

☑ 定刻通りに出発する予定です。 정각대로 출발할 예정입니다.

② 定刻通りに出発する予定です。

③ 定刻通りに出発する予定です。

NOTE